ZHE JIUSHI DAXUE:RUXUE JIAOYU

这就是大学：入学教育

王能军◎主　编

柳　薇　赵梦磬　麻秀芬　卢南熹　黄婷婷◎副主编

西南财经大学出版社

四川·成都

图书在版编目(CIP)数据

这就是大学:入学教育/王能军主编.—成都:西南财经大学出版社,
2021.8(2023.3 重印)
ISBN 978-7-5504-5020-2

Ⅰ.①这…　Ⅱ.①王…　Ⅲ.①大学生—入学教育　Ⅳ.①G645.5

中国版本图书馆 CIP 数据核字(2021)第 163908 号

这就是大学:入学教育
王能军　主编
柳薇　赵梦磬　麻秀芬　卢南熹　黄婷婷　副主编

总 策 划:李玉斗
策划编辑:何春梅
责任编辑:肖翀
助理编辑:吴强
责任校对:周晓琬
封面设计:墨创文化
责任印制:朱曼丽

出版发行	西南财经大学出版社(四川省成都市光华村街 55 号)
网　　址	http://cbs.swufe.edu.cn
电子邮件	bookcj@swufe.edu.cn
邮政编码	610074
电　　话	028-87353785
照　　排	四川胜翔数码印务设计有限公司
印　　刷	四川新财印务有限公司
成品尺寸	185mm×260mm
印　　张	10
字　　数	195 千字
版　　次	2021 年 8 月第 1 版
印　　次	2023 年 3 月第 2 次印刷
书　　号	ISBN 978-7-5504-5020-2
定　　价	39.80 元

前言

大学是社会之光，是梦想起航的地方，同时又是充满竞争与挑战的小舞台、小社会。大学生在这个舞台上扮演着不同的角色，如何努力将自己的角色扮演得更好呢？

本书内容分为认知篇、行动篇和成长篇三大部分，包括认识大学、党的教育、军训、时间管理、学分与考试、课余生活、学会自我保护、学会与不同的人交往、学会管理情绪等方面，帮助新生正确认识大学，及时完成从高中生到大学生的角色转换，更快融入大学的学习和生活，并充分利用大学的资源来提升学习能力、时间管理能力、人际交往能力和情绪管理能力。

本书内容深入浅出，言简意赅，易于读者理解和接受。每章开篇设置了“本章导读”，对所写章节内容进行概述，帮助读者理解本章内容。同时，根据内容需要，本书设置了“成长感悟”“相关案例”“成长榜样”等知识点，帮助大学生解决在实际生活和学习中遇到的各种问题。本书具有较强的指导意义，有利于大学生提高个人素养。

本书既可作为大学生入学教育的通识教育教材和大学生健康成长指导手册，又可作为一般读者了解大学生学习和生活的普及读物，同时，还可为高校教育工作者提供参考和借鉴。

编者

2021 年 7 月

目录

认知篇

行动篇

成长篇

认知篇

大学生活与中学生活有什么不同？为什么要读大学？大学读什么？怎么读？

如何将几年的大学时光写进你最美好的青春？

第一章 走进大学与认识大学

■本章导读

时光荏苒，转眼间同学们已经度过了高中三年的美好时光。在这三年里，大家学到了很多知识，增长了阅历，丰富了自己的人生，时间虽短，但已渐渐从稚气未脱走向成熟稳重，自我意识开始觉醒，即将成为大学生。踏入大学校园意味着进入了人生又一个新的阶段！

大学是发现自我、认识自我、展现自我的舞台，是步入社会前为自己积蓄能量的地方。因此，大学生在大学里既应努力学习专业知识，又应积极提高自身能力和内在修养。

对于刚踏入大学校园的同学们来说，要正确认识大学、走出误区、及时完成角色转变，才能在大学之路上收获更多美丽的风景。

第一节 大学与高中的区别

步入大学后，大学新生要对大学与高中的区别有清楚的认识，尽快完成从高中生到大学生的身份转变，尽快适应大学生活。

大学与高中有很大的区别。在定位上，高中和大学都是过渡的学习阶段，但高中的学习目标是进入大学，大学的学习目标却是进入社会；在学习上，高中阶段被动学习多于主动学习，大学里则是主动学习多于被动学习；在课余生活上，高中阶段的课余活动较少，以体育锻炼和少量社团活动为主，大学的课余活动很丰富，包括校内活动和社会实践；等等。

一、定位不同

（一）教育模式不同

大学与高中的教育模式不同体现在学校组织形式、培养方案上。

在学校组织形式上，普通高中的组织形式基本一致，会进行文科、理科的分科，学制也统一是三年；大学则按照学科划分学院和专业，按照专业招收和培养学生，一般学制都是四年，但一些特殊专业需要更长的学习时间，如医学学制为五年等。

在培养方案上，高中的所有学生使用统一的教材，参加统一的考核；大学则会根据专业给不同专业的学生设计不同的培养方案，教师根据课程设置不同的考核方式。

（二）培养目标不同

大学与高中的培养目标的不同在于，高中教育是为学生进入大学进行专业化学习做铺垫，大学教育则是为学生进入社会做准备。虽然大学与高中教育的本质都是为了传授知识，提升学生素质，但是高中教育培养综合素质的同时，更注重学生理论知识的积累；而大学教育在关注理论知识积累的同时，更注重培养学生的综合素质和实践能力，注重校园与社会接轨。

二、学习目标、方式改变

（一）学习目标改变

高中阶段的学习目标是清晰的——进入大学，对应于这个学习目标的学习方式也很简单。大学的学习目标则并不固定，大学生可以在毕业后选择升学读研、就业、出国深造等不同的规划，不同的选择就会有不同的学习目标。如果选择读研，学习目标就是提高学习成绩和增强科研能力；如果选择就业，学习目标就是提升专业水平和综合素质；如果选择出国深造，在努力提高学习成绩的同时，还要提高目标外语的综合水平。

（二）学习方式改变

高中阶段的学习方式很简单，学生的学习缺乏主动性。除了物理、化学、生物学科需要做实验，其他学科的学习都能通过课本和习题册完成，没有更多的学习内容可供选择。

大学学习更多要求自主学习。学生需要在老师的引导下，自主选择未来的发展方向，确定学习目标。在学习过程中，学生也要自主安排学习时间和进度，主动消化专业知识。在学习后，还要自主地检验学习成果和查漏补缺。

三、课余生活更丰富

高中阶段的课余活动较少，主要是体育活动和一些社团活动，以及少量的区域竞赛，比如数学竞赛、田径比赛等。

大学校园课余生活丰富多彩。除了日常的教学活动之外，还有各种各样的讲座、讨论会、学术报告、文娱活动、社团活动等。不同的课余活动可以进行分类，有不同的特点，活动组织、发布和作用也不尽相同。学习类活动有学术讲座、学术报告、学科竞赛等，组织方和发布方一般是学校或学院，这类活动能够帮助学生提高知识运用和团队合作能力。体育活动包括运动会和各种竞赛，一般由学校体育学院组织和发布通知，学生既可以参赛赢得集体荣誉感，又可以参加活动的组织、宣传等锻炼个人能力。社会实践活动包括社会调查、支教等，一般由调查主体、志愿者社团等组织和通知，这类活动非常锻炼学生的社会交际能力，也能培养学生的社会责任感。

四、自我管理要求更高

（一）大学生要求更高的自我管理能力

自我管理，是指社会的个体为了实现既定目标，而有效地发挥主体能动作用，规划和控制自己的实践活动的过程。它包含三个要素：一是自立，具有相对独立的角色地位以及相应的自我支配权，这是自我管理的前提条件；二是自识，有比较明确的自我意识和价值目标，这是自我管理的内在依据；三是自律，具有一定的自我控制能力，这是自我管理的调控能力。这些都是自我管理过程中自主性的表现，是自我管理中不可缺少的。

高中阶段对学生自我管理的能力要求并不高，因为学生的课外自主时间并不多，大多数时间有老师引导安排。那么，面对自由且美好的大学生活，大学生应该如何把握自己，使自己学有所成呢？这与大学生的自我管理是分不开的，与目标、规划也分不开。大学生只有学会自我管理，提高自我管理的水平，才能有效地利用时间学好专业知识，提高综合素质；也只有规划好自己的人生、树立人生目标，积极学习和生活的动力才会源源不断。

（二）大学生要有独立生活的能力

刚刚进入大学校园的新生首先需要面对的问题就是独立生活。大学阶段的独立生活与高中阶段有很大的不同，包括距离感、生活方式、人际关系等。

其一是距离感。高中校园与家的距离不会太远，学生也可以每周或每月回家一次；大学校园与家的距离则通常很远，在外省甚至跨越半个祖国都很寻常，很多学生只能半年或者一年回家一次。这种距离感容易使大学新生感到难受、痛苦，尤其是在遭遇挫折、思念父母的时候。但这种痛苦是暂时的，大学生只有坚强独立地面对这种痛苦，才能在未来的道路上走得更远，看到更美好的风景。

其二是生活方式。步入大学对于很多学生来说，是来到一个全新的城市，这里的饮食、作息、出行、天气等都可能与原来生活的城市不相同，这种问题是大学生独立生活所必须克服的。

其三是人际关系。大学相对高中来说，人际关系会更加复杂，学生会在很多方面遇到与他人的合作和竞争，而不仅仅是在学习上。大学生既要学会与他人更好地合作，与他人进行良性竞争，又要学会防范来自他人的恶意。

从高中走进大学是容易的，但从依赖走向独立，却是痛苦的、艰难的。大学生是一个独立的角色，必须学会独立地生活。因为只有独立，才能品尝生活的各种滋味，领略生活的缤纷色彩，探寻生活的真正奥秘；只有独立，才能正确认识自己的人格、意志、兴趣和能力。独立生活，是一个人走向成熟的契机，是对“独立”与“成熟”的深刻理解。摆脱对父母的依赖，开始独立的人生，是每个人都必须经历的。大学生可以好好利用这段从对父母、老师的依赖到走向社会、独立生活的过渡期，培养自己安排、管理生活的能力。

【成长警示牌】

大学最容易产生的三种人

自由性更强是人们对大学的普遍认知，也正是因为这种自由性，大学生做很多事都要靠自律和自觉，由此也就产生了三种人：

（1）自主学习型大学生：有清晰的学习目标和自我管理能力，他们一方面通过课堂或网络努力学习知识，另一方面积极参加学校的各项活动来提升自己的综合能力。

（2）混沌型大学生：混沌型的精神面貌和精神状态迷茫而困惑，对学习、活动等都不感兴趣，对自己没有要求，得过且过，不知道自己的目标是什么。

（3）“植物人”型大学生：除了上课之外就像植物一样扎根于寝室，持续性地在寝室看剧、打游戏等，连吃饭都叫外卖，食堂都懒得去。

大学四年的时间是短暂的，在大学里提升自身能力的时间并不多。因此，在进入大学不久后就要明确自己要干什么，如果你一直为自己今后的目标和选择纠结，为究竟要成为哪一种大学生而纠结，你的时间就会不知不觉被浪费，你的大学四年也会越来越迷茫。所以，大学新生一定要尽早明确自己的方向，并坚定不移地为之努力。

第二节　大学与大学精神

1918 年，蔡元培先生在北京大学的开学典礼上提到，“大学为纯粹研究学问之机关，不可视为养成资格之所，亦不可视为贩卖知识之所”“大学者，研究高深学问者也”“大学者，‘囊括大典，网罗众家’之学府也”。

作为新时代的大学生，我们应该知道什么是大学之“大”，什么是大学精神。

一、大学之大

大学之大在于学生之大，在于学术之大，在于大师之大。

（一）学生之大

大学学生之大，在于大学培养的是“大写的人”，培养的是“大人”。在庆祝清华大学建校 110 周年大会上，清华大学校长邱勇在致辞中指出，大学之大在于汇聚大学者、研究大学问、培养“大写的人”。大学要培养全面发展的人，不能让学生成为知识素养严重失衡的“半个人”。

大学生怎样成为“大写的人”？一是要坚定理想信念，完善思想，健全人格。二是要努力学习，研究“大学问”，争做“大先生”。三是要全面发展，强健体魄，提高综合素质。四是要有大视野、大格局，开眼看世界，辩证分析问题。

（二）学术之大

大学学术之大，在于大学有广阔的学术视野、严谨的学术氛围、宽松的学术环境、大度的学术胸怀。学术环境是一所大学的核心，体现在教学、科研的各个方面，好的大学应为师生创造一个和谐、开放、严谨的学术研究环境。

（三）大师之大

大学大师之大，在于大师是大学精神的倡导者、实践者。梅贻琦先生担任清华大学校长时说：“所谓大学者，非谓有大楼之谓也，有大师之谓也。”大学的大师不仅是高中教师这一角色的接任者，也是学术研究的集大成者，更是修养、品格的典范。大师不仅仅传授纯粹的专业知识，其品格、人格与做学问的方法也值得学生推崇和学习。

二、大学精神

大学精神是大学教育理想、办学理念、组织风格的集中体现，是在某种大学理念的支配下，经过所在大学人的努力，长时期积淀而成的稳定的、共同的追求、理想和信念。大学精神是大学生命力的源泉，是大学文化的精髓和核心之所在，是对大学的生存起决定性作用的思想。大学精神本身有丰富的内涵，具体体现在三个方面。

一是自觉的学术精神。大学是研究高深学问的地方，要奉行“学术自由、兼容并包”的基本原则，允许和鼓励各种学术风格、多种研究方向自由发展，引导学术的繁荣发展，促进学术“百花齐放、百家争鸣”。大学是学生求知、学者钻研之所，新生步入大学，看到教室里奋笔疾书的学长、图书馆里刻苦攻读的同学、课堂上和老师争辩学术问题的学友，所感受到的不仅是浓厚的学风、教风，更可以领会到大学精神的精髓。

二是凝聚的品德精神。“大学是每个人永恒的精神家园”，著名文学史家谢冕先生在他的《永远的校园》里如是说。清华大学“自强不息、厚德载物”的深沉内敛，南开大学“允公允能、日新月异”的朴实豪迈，都是大学人长期沉淀下来的、所有人共同坚守的品德精神。在这样的精神熏陶下，学生置身其中，能在潜移默化中受到良好的教育；教职工置身其中，能感到主人公的自豪从而激发勤奋工作的热情；公众置身其中，会感到高等学府的神圣和宏伟。

三是敏锐的时代精神。大学不是某个时代一般社会组织之外的东西，恰恰相反，大学是一个时代最能表现时代精神的社会组织。大学是时代的智者，这里有最优秀的大师、最浓郁的学术氛围和最好的青年，他们能够预见并感应到社会潮流的前奏，成为推动社会潮流的先行者。

大学的本质，在于把一群优秀的青年人聚集在一起，营造一种让智慧迸发而出的自由环境，千方百计激励出青年人的智慧，让他们的创造力相互碰撞，产生使他们终身受益的智慧。

第三节　怎样读大学

大学生中流行着这样的调侃：老师以“5G 的速度”讲，学神以“5G 的速度”听，学霸以“4G 的速度”记，普通学生以“3G 的速度”瞅，有的学生以“2G 的速度”听着听着就掉线了，还有个别的压根就没开“数据流量”，甚至有人一直处于“飞行模式”或者一到上课就“自动关机”。

这样的调侃不免让新生们困惑，大学这么难吗？应该怎样才能读好大学呢？其实，大学里出现迷茫、畏难现象，只是因为学生对大学不够了解、缺乏心理准备而已。大学是我们提高自我的平台，大学生要学会坚定信念、拒绝诱惑，把握好各种机会锻炼自己，不断增强自己的软实力。

一、提高思想认识，坚定理想信念

（一）提高思想认识

正如第一节里提到的，大学与高中有很大的区别，大学新生在适应这些区别时会感到痛苦、难受。有的人能够熬过这个阶段适应大学的生活，有的人面对痛苦却可能被打倒，还有的人会选择退缩。

【案例】

学生 A："爸爸，我今天头有点疼，全身也有点酸痛，去校医院看了，吃了药，但是好像不见好，还是很不舒服。你能不能给我们班主任打个电话，让我请假回家休息两天呢？"

学生 B："妈妈，我想吃你做的'口水兔丁'了，要不你下次来看我的时候给我带点儿？"

学生 C："妈妈，有个室友总是晚上 12 点了还在打电话，我又不好说什么，烦死了……妈妈，我不想上大学了，我就想回家！"

对家的依赖是很多大学新生不适应大学生活的根源，家长的不放手会让这种不适应变得更久。有些有条件的大学生经常周末回家，享受丰盛的大餐和家人的嘘寒问暖，穿过的衣服每周带回家换洗，回校的时候还会带回各种零食等，他们不愿意脱离家人的关爱和温暖。有些家长不远千里专程去学校看望孩子，经常给孩子汇钱和寄东西，似乎这样能给孩子一些安慰和补偿。更有甚者，当个别新生因适应不了大学生活而想退学时，家长竟急忙将孩子接回家……这样的"关爱"给新生们传达的信息是："孩子，没有我们在身边，你应付不了生活的变化。"这只会使大学生在校园里感到孤独无助，当遇到新的困难时，也就更倾向于向父母寻求庇护和安慰，而不是勇敢地面对现实，积极地解决问题。

还有一类父母恰恰相反，他们觉得孩子读大学了，就是对孩子培养或抚养的终结，于是告诉孩子"你是一个大人了"，对孩子在大学里的一切不闻不问。一位同学很后悔地说："上了大学，和父母离得远了，感觉很孤单、情绪低落的那阵儿，我疯狂打游戏、聊天、看电影，玩得天昏地暗。如果多和父母说说知心话，可能会是另一种情形。"

同学们应该认识到，大学的你已经成年或者即将成年，你可以决定很多事，你的决定也开始影响很多人；你依然有依赖父母的地方，但父母也会慢慢开始依赖你；你有了或主动或被动承担的责任，也有了对自己、他人和社会的义务。在入校之初你会遇到不同程度的烦恼，比如不适应大学的学习、和同学合不来、感到孤独、不会料理自己的生活等，你依然可以自然地向父母诉说，但要学会自己思考解决问题。你应该告诉父母“我需要你们的鼓励和支持”，而不是等待他们帮你把问题解决。

提高思想认识，形成独立的人格，勇敢面对问题，独立思考，采用合理的方式解决问题，是大学新生“读大学”的第一步。

（二）坚定理想信念

1. 树立伟大理想

理想是什么？对个人而言，理想就是对自身发展的愿景和期望。一个人特别是青年，如果没有树立远大理想，就像是航行的船只没有了航向。习近平总书记在纪念五四运动100周年大会上，深情寄语新时代的中国青年，明确提出树立远大理想、热爱伟大祖国、担当时代责任、勇于砥砺奋斗、练就过硬本领、锤炼品德修六点希望，勉励广大青年不辜负党的期望、人民期待、民族重托，不辜负这个伟大时代。

大学生应该树立伟大理想，挑战自我，追求卓越。有人说理想是随着年龄退化的，小时候想当“太空人”，大一点想做企业家，后来就只剩下“找个好工作”了。其实，伟大理想应该是能让你奋斗终生的事业，而不是短期内可以实现的目标。它可以是共产主义事业，也可以是守护家人幸福；它可以是“绿水青山就是金山银山”，也可以是“大庇天下寒士俱欢颜”。理想无所谓崇高或卑微，只要理想是积极、正当、明确、坚定的，它就能保证你人生的航向，让你不迷失在生活的汪洋大海里。

2. 坚定伟大信念

新时代的大学生是肩负中华民族复兴大任的时代新人，坚定的理想信念是时代新人的首要特征。新时代大学生应该坚定马克思主义信仰，将个人理想寄托在共产主义远大理想和中国特色社会主义共同理想之下。

坚定马克思主义信仰，以科学的、辩证的眼光看待时代发展，在社会发展中把握规律、看清方向、坚定立场、明确目标。以共产主义远大理想为指导，就是要坚定不移地相信共产主义的科学性、真理性，追求人类社会的共同美好。践行中国特色社会主义共同理想，就是要坚定“四个自信”，坚持中国共产党的领导，对建设社会主义现代化强国、实现伟大中国梦充满信心。

二、养成良好习惯，适应大学生活

大学新生应当尽快适应大学生活，养成良好的习惯。对于大学生来说，良好的习惯可以节约时间、提高效率，可以提升自我形象，还可以使学习事半功倍，等等。好习惯不仅是有利于读大学，更可以让人终身受益。那么，大学生要养成哪些良好习惯呢？良好的习惯要如何养成呢？

一是树立时间观念。大学生应该树立良好的时间观念，它体现在两方面：不浪费自己的时间和不浪费他人的时间。不浪费自己的时间，比如早上不要赖床、上课不要迟到、吃饭不要看手机等，劳逸结合，把时间用在刀刃上。不浪费他人的时间，比如与人相约不要迟到、任务不要拖延、减少与他人的无效沟通等。尊重他人的时间，他人也会同样尊重你。

二是培养良好的生活习惯。生活习惯包括饮食、作息、卫生习惯等。良好的饮食习惯可以保证大学生摄入适量的营养，同时避免遭遇饮食安全问题。规律的作息让生活张弛有度，可以保证每天都有充沛的精力，避免身体被“累坏”。好的卫生习惯包括勤洗手、定时打扫、适时换洗衣物等。

三是坚持体育锻炼，注意劳逸结合。“每天锻炼一小时，健康工作五十年，幸福生活一辈子。”大学生坚持体育锻炼和参加一定的文娱活动有利于身体健康。大学生在进行体育锻炼时要注意适量、适度、遵循科学指导。大一时大学会组织新生军训，同学们要认真参加，学习锻炼方式和军事技能。

四是健康理财。大学是独立生活的四年，独立生活就包括独立理财。健康理财包括树立正确的消费观念和合理的投资观念。正确的消费观念即不盲目攀比、不冲动消费、不人情消费、不过度消费等，大学生要学习一定的经济学知识和理财知识，了解市场，理性消费。合理的投资观念是指“购买未来有回报的商品”，比如定期储蓄、买书、参加课程、考证书等，大学生要有未来价值的观念。

五是把握机会。大学是人生的关键阶段，大学生要时刻准备着，把握每一个机会。把握机会最重要的是“第一次”和“最后一次”。在大学里，大学生要把握每一个“第一次”，它会影响你此后对待这件事的态度，也会给他人留下深刻的第一印象。比如，第一次追逐理想、产生兴趣，第一次独立参与团体和社会活动，第一次亲身实践学习的理论，第一次自己选购电脑……在大学里，大学生也要珍惜每一个“最后一次”，因为这一次的结果此后很难有机会改变。比如，大学是你最后一次长时间地系统性学习，最后一次参加运动会，最后一次与社团伙伴的讨论，最后一次争取保研……

三、学会自主学习，增强核心竞争力

（一）学会自主学习

大学中的专业设置给大学生的学习设定了一个方向，但它并不是人生的定轨。树立专业思想，明确专业方向，认清专业前景，强化专业认同，认真把自己专业课程学好，是对自己最负责、最有利的选择。

在大学里，上课是教师与学生共同参与的活动，活动的主体是学生，教师的授课大多是指导性的。大学的课时往往比高中少，这就意味着学生的自由时间相对较多。因此，大学学习更多要求学生自主学习，自己琢磨和消化专业知识。在学习上，大学生应该清楚地知道自己的目标是什么、怎样达到、何时达到，以及如何进行自我考核与评价等。当然，目标应具有长期性、挑战性，同时要有可行性，否则不如不定，以免达不到目标，产生太大的心理落差。

在大学里，如果仅是承袭高中阶段的学习方法，即使勤奋用功可能也难以获得能力的全面提高，这在大学新生中是相当普遍的现象。大学的学习方法与中学有很大不同，大学的学习是变被动为主动，关键是要充分利用校园中的特殊资源，并将学到的知识很好地整合。从旧的学习方法向新的学习方法过渡，这是每个大学新生都必须经历的过程。正确认识角色的改变，尽早做好思想准备，适应新的学习方法，就能较好地、顺利地度过这一阶段，少走弯路，减少心理压力，促进学业成绩的提高。

学会学习，培养独立自主的获取知识的能力，从“要我学”变成“我要学”。大学生从“受之以鱼”变成“受之以渔”，需要转换的不仅仅是角色，还有心态。把握并掌握大学学习规律，方可成功驾驭大学学习。

学会合理安排时间，充分利用学校丰富的教育教学资源，尤其是大学图书馆。图书馆藏书很丰富，当你看到那些一排排分门别类、摆放齐整的书，你的内心会变得无比满足。读书是一种幸福，让人增长知识，使人明白道理，令人憧憬未来，叫人品味生活，给人益处多多，这种幸福别无取代。

（二）增强核心竞争力

大学学习是大学生增强核心竞争力的关键，核心竞争力体现在研究能力、专业水平和技能等方面。

研究能力是做学问的能力，是发现问题和解决问题的能力。在大学里，做学问是最重要的事。“学如不及，犹恐失之。”真正为学问而学问，永远觉得自己还不充实，还要改进。“学如逆水行舟，不进则退。”做学问有个很简单的原则，停留下来，就是在时代潮流中退下去了。所以不是进步，就是退步，没有停留在中间的，学习这件事也是一样。无论在中学优秀与否，大学都是一个新的开始，不必时时回望过去，而应更加期待将来。

专业知识是很多大学生走上工作岗位时所必需的，大学的专业知识和专业技能是以后参加特定行业工作的知识和技能基础。不管将来走向哪里，不管从事什么行业，大学生都必须具备一定的基础和技能，打造自己的核心竞争力，才能在这个社会上生存，才能在激烈的竞争中站住脚。大学的专业是为社会的需求而设置的，大学生要学好专业知识，适应社会的需求，为社会发展做出自己的贡献。

技能有硬件和软件之分，硬件如学习专业知识、考取各类证书等；软件如人际交往能力、沟通能力、合作能力等。这些技能往往是能力和素质的载体。大学新生要懂得未雨绸缪，设想自己正处于人生选择的十字路口上，剖析自己何去何从，长处与短处何在，如何适应社会挑战，从而有意识地逐步提高相应的技能。

四、投身社会实践，提升综合素质

社会实践是大学生素质全面提高的重要环节，是学生将所学知识应用于社会的重要过程，有利于锻炼学生的实践能力。作为新时代的大学生，不仅要踏实学好专业知识，更要开阔视野，积极吸收有益的知识，把目光投向专业知识以外，积极关注社会，担当责任。

在大学，做事是一个人成长最快捷的方式。除了学习，学生会、社团工作也是大学生活很重要的一部分。大学生要学会通过在学生会、社团的工作锻炼，提升自己的能力，扩大社交圈。

社会实践在精而不在多。面对各种各样的实践方式，有的大学生会眼花缭乱，盲目地参加许多项目，但最后忙不过来，只能放弃大部分，这不仅不能提高自己，还会给他人留下不好的印象。一个人的时间和精力是有限的，大学生要学会有选择地参加社会实践，这些社会实践可以是自己特别感兴趣的，也可以是对自己很有用的。选择之后，就尽最大的努力去获得并做好这些工作。

大学校园是与社会接轨的校园，社会实践提供这样一个契机，让大学生更多地接触社会，了解社会现象，扩大知识面，从实践中学习新的知识。大学生通过社会实践，一方面挖掘自身潜在的能力，另一方面发现自己的不足之处，提高综合素质。综合素质是大学生在与社会的接触中，与广泛的人交流的过程中，通过实践锻炼和自我反思而一步步提高的。投身社会实践能更加了解社会需要什么样的人才，可以为以后的发展做好准备。

五、妥善处理人际关系，追求健康社交

法国作家罗曼·罗兰说过："有了朋友，生命才显示出它全部的价值。智慧、友爱，这是照亮我们黑夜的唯一光亮。"和谐的人际交往关系对人一生的影响举足轻重，大学生要建立自己的人际交往原则，妥善处理人际关系，追求健康社交。

妥善处理人际关系，追求和谐的人际交往。一所大学的学生往往来自五湖四海，学生的"异质化"程度很高。地区的差异使大学生在思想观念、价值标准、生活方式、生活习惯等方面存在着明显的差异，因此在遇到实际问题时往往容易发生冲突。学会接纳与他人的不同，并且尊重他人的意见，才能化解与同学间的矛盾和冲突，更好地与不同背景的同学相处。

合理参加社交活动，追求健康的社交生活。除了各种社会实践活动，大学生还可以参加许多社交活动丰富自己的课余生活，如聚餐、唱歌、野营、旅游等。大学生参

加社交活动应该量力而行、张弛有度，拒绝不良社交。量力而行，不要参加自己经济能力、时间安排不支持的社交，比如明明很累时遇到的聚会邀请。张弛有度，不要沉迷于社交活动而忘了大学生最重要的学习。拒绝不良社交，不要参加主题违反价值观的活动，不要和思想消极、堕落的人交际。

六、强化自我管理，塑造健全人格

面对美好而又充满诱惑的大学生活，大学生应该如何把握自己，使自己学有所成呢？这与自我管理分不开，与目标、规划也分不开。大学生应该学会自我管理，提高自我管理的水平，有效地利用时间学好专业知识，提高综合素质。只有规划好自己的人生，树立人生目标，积极学习和生活的动力才会源源不断。因此，大学生在自我管理的过程中，必须注意强化自己的自主精神、自律能力、自觉意识和自觉行动。

第一，大学生处于人生的黄金时期，自我意识开始觉醒，逐步走向成熟；第二，大学生也处于生理、心理、智能、品德等全面发展的关键时期，这就决定了大学生应该把自我发展、自我成长作为自我管理的侧重点；第三，大学生的自我管理比中学生的自我管理更具有独立性，这有利于大学生提高自我管理的能力和水平。

要做事，先做人。新时代的大学生是民族的希望和祖国的未来，要从学会做人开始，塑造健全的人格。孔子说："己欲立而立人，己欲达而达人。""己所不欲，勿施于人。"曾子说："士不可不弘毅，任重而道远。仁以为己任，不亦重乎？死而后已，不亦远乎？""吾日三省吾身，为人谋而不忠乎？与朋友交而不信乎？传不习乎？"做人是做事的前提和基础，学会了做人，才能更好地做事、做大事、成大事。大学生要想立身成才、建功立业，首要的就是先学会做人，即有较高的道德素质，这些是大学生的立身素质。大学生学会做人，就是要做有社会责任感、有担当的人，做有志有为、德才兼备的人。

【成长指南】

大学的七项修炼

创新工场创始人李开复先生说，大学期间大学生应当掌握七项本领，包括自修之道、基础知识、实践贯通、培养兴趣、积极主动、掌控时间、为人处世。只要做好了这七点，大学生临到毕业时的最大收获就绝不会是"对什么都没有的忍耐和适应"，而应当是"对什么都可以有的自信和渴望"。

一是自修之道。自学能力必须在大学期间开始培养，大学生在学习时应当要求自己理解知识并善于提出问题，对每一个知识点多问几个"为什么"。大学生还应充分利用学校里的各种资源，从各种渠道吸收知识和方法。善于举一反三，学会无师自通，这是大学四年中送给自己的最好礼物。

二是基础知识。如果说大学是一个学习和进步的平台，那么平台的地基就是大学里的基础课程。在大学期间，大学生一定要学好基础知识，包括数学、英语、计算机和互联网，以及本专业要求的基础课程（如商学院的财务、工程学院的大学物理等）。在科技发展日新月异的今天，应用领域里很多看似高深的技术可能很快就会被取代，只有对基础知识的学习可以受用终身。

三是实践贯通。无论学习何种专业、何种课程，如果能在学习中努力实践，做到融会贯通，我们就可以更深入地理解知识体系，可以牢牢地记住学过的知识。大学生可以选修和实践相关的专业课，合作学习，帮老师做项目，寻找培训和实践的机会。

四是培养兴趣。孔子曰："知之者不如好之者，好之者不如乐之者。"大学生要尽量开阔视野，接触众多的领域，寻找自己的兴趣点。"选你所爱"并尝试"爱你所选"，确立自己终生的志向。

五是积极主动。大学生从进入大学的第一天开始，就必须从被动转向主动，成为自己未来的主人，积极地管理自己的学业和将来的事业，因为没有人比你更在乎你自己的工作与生活。要有积极的态度，勇敢面对人生，对自己的一切负责，做好充分的准备，"以终为始"。

六是掌控时间。"时间多了很多"是大学与高中之间的巨大差别，这就需要大学生安排、计划和管理时间，学会协调重要事和紧急事的关系，管理自己的事务，锻炼自我控制的能力。

七是为人处世。以诚待人，以责人之心责己，以恕己之心恕人；培养真正的友情；培养团队精神和沟通能力，从周围的人身上学习；提高自身的修养和人格魅力。

经过几年大学的学习生活，你会从思考中确立目标，从学习中寻求真理，从独立中体验自主，从计划中把握时间，从表达中锻炼口才，从交友中品味成熟，从实践中赢得价值，从兴趣中获取快乐，从追求中获得力量。离开大学时，如果你做到了这些，你将收获"对什么都可以拥有的自信和渴望"，成为一个有潜力、有思想、有价值、有前途的中国未来的建设者和主人翁。

【摘编自李开复《给中国学生的第四封信：大学四年应是这样度过》】

有些新生进入大学后，会产生一种失落感，出现心理上的不适应。这种不适应通常有几种情况：第一种是因环境不适应导致心理不适应，有的新生一遭遇挫折就会产生较长时间的焦虑自责。第二种是由一名中学生向大学生转换，新生对此在心理上需要一个调适过程。第三种是每年的新生中都会有在高考中发挥失常的学生，看着昔日与自己不相上下的同学纷纷进入较好的院校或较好的专业，心理上易产生严重的不平衡。第四种是城乡中学素质教育发展的不均衡，使得部分农村学生在城市学生面前觉得自己缺乏特长，从而出现心理失衡。

其实，大学新生要学会接受“不完美”的自己。放松“捆绑”自己精神的绳索，你就会以开朗的心情投入大学生活，从而得到丰富多彩的人生感受。从高中进入大学，在离开了熟悉的环境，尚未适应新的环境时，难免会有些不舒服的感觉，这是非常自然的，新生不必为此而焦虑。但是对新的生活多一些心理准备，一定会适应得更快、更好。

大学校园课余生活丰富多彩。除了日常的教学活动之外，还有各种各样的讲座、讨论会、学术报告、文娱活动、社团活动等。这些活动对于大学新生来说眼花缭乱，如何安排课余时间常常心中没谱。如果完全按照兴趣，随意性太大，很难有效地利用高校的有利环境和资源。要合理地安排课余时间，首先必须对自己在近期内的活动有一个理智的分析，看看自己近期内要达到哪些目标，长远目标是什么，自己最迫切需要的是什么，各种活动对自己发展的意义又有多大等，然后做出最好的时间安排，并且在执行计划中不断地修正和发展。

找准方向也很重要。大学生在开始大学生活时就要给自己定下合适的发展方向。打算继续深造的，就要把更多的时间放在学习上；想锻炼自己组织协调能力的可以去学生组织、社团发展；想积累工作经验的可以多参加兼职、实习。确立自己的目标要综合考虑自身的情况，一切定下来就要按照这个目标踏踏实实地走下去。心中有了目标，才能使自己的人生之舟不偏离航向。学生毕竟以学为主，课余活动无论多么精彩，当它影响到你的学业时，必须学会放弃，因为暂时的放弃是为了更好地获得。

进入大学之后，你会发现“我想我能”这句话的能量超乎你的想象。在课堂上，你敢主动站起来表达自己的看法，你敢质疑书中的观点，因为你深入地思考过。在生活中，你发现勇敢地走出第一步，把微笑带给别人以后，世界变宽广了，空气变清新了。

“人无法选择自然的故乡，但可以选择心灵的故乡。”等你毕业了，多年以后，你会想起你的母校吗？你会怀念它吗？希望通过以上这些，大学生们能更好地了解自己，做好心理准备，顺利完成学业，做一个有良好心态的快乐而又成功的人。

大学是一个舞台，让你展示自己；大学是一面镜子，让你认识自己；大学是一个超市，让人各取所需；大学是一个富矿，等待你去开采。

【成长感悟】

过好大学生活的三个诀窍

大学生活诀窍之一：自信地生活

有则寓言说的是狮子和蚂蚁要到山那边美丽的大草原去，一起走到悬崖边，悬崖宽数十米，对面就是美丽的大草原。狮子犹豫了半天也不敢拿性命开玩笑跳过悬崖，只好垂头丧气地回去了，而蚂蚁则顺着悬崖爬到谷底，又沿着对面峭壁爬了上去，来到了心慕已久的美丽大草原。狮子虽然强大，但也有它力所不能及的事情；蚂蚁固然渺小，却也能发挥自身优势实现目标。所以不要因自身的强大而骄傲，也不要因自己的渺小而自卑。应该坚信天生我材必有用，每个同学都要对自己有信心，发挥自己的长处，为社会做贡献。

大学生活诀窍之二：用发展的眼光看事件

智者常说，人们所关注的不仅是脚下站立的土地，更重要的是前方的地平线。高瞻远瞩，这应该是每一个大学生应该保持的心态。虽然我们没有预测未来的能力，但是现在的所作所为会影响未来前进的方向，所以要用发展的眼光看世界。对于发生在周围的一些事情，不要只关注它对现在的影响，也应该从各个角度分析该事件的整体情况，从中获取有用的东西，装在自己的心里，成为自己未来的财富。

大学生活诀窍之三：追求优秀的习惯

人们都说优秀的人往往有追求优秀的习惯，我们应该努力养成这样的习惯。先找到自己的某个闪光点，然后想办法让它成长为一个闪光面，不断保持并逐渐扩大到生活中其他各个方面，最后你会发现自己是一个非常闪亮的个体。

【成长榜样】

脚踏实地，才能仰望星空

罗娟，2021 年荣获“四川省普通高等学校优秀毕业生”称号。

2018 年 9 月，罗娟带着憧憬和向往来到了美丽的科技城绵阳，走进了绵阳城市学院。

在领导和老师的鼓励下，2018 年 9 月，她向党组织递交了入党申请书，积极主动向组织汇报思想情况。2019 年 3 月她被确定为入党积极分子，2020 年 6 月 18 日她成为中共预备党员，2021 年 6 月 18 日她光荣地成为一名中共党员，也无愧于党员称号。

大二的时候，她参加了“彩虹计划”的面试选拔，成功入选并参加了为期三个月的培训，秉着“奋斗 100 天，成就最优秀的工程师”的宗旨。因为培训的枯燥及自己专业技术的缺乏，面对许许多多的优秀人才，她感到了前所未有的压力和失落，产生了放弃的想法。不过在学院领导、老师和同学们的鼓励和开导下，她坚持了下来，努力成为最优秀的自己，收获了知识。

大三实习的时候，她感到自己所学的知识太浅薄了，在企业里根本不够用，学历也是一块敲门砖，因此她下定决心专升本，继续提升自己。她一边准备专升本复习，一边完成实习工作，也得到了各位老师的大力支持。罗娟表示：“我很开心，也由衷地感谢学院、老师和同学们给我的许多帮助，感谢我的母校。”

荣誉就好比是圆形的跑道，既是终点，又是起点。不管曾经取得怎样的成绩，都只代表着过去。不能因为一时取得好的成绩而骄傲，也不能因为成绩一时不理想而气馁。所以，心中应该要有更高的追求，才有继续向前的动力。学习就如逆水行舟，不进则退。只有不断地努力，才能取得更多优异的成绩，才能创造更美好的未来。

第二章

听党话、跟党走，担当时代责任

■本章导读

东风浩荡展征旗，跨越赶超正当时。大学生是民族的希望，是祖国的未来，肩负着人民的重托、时代的责任。作为在校大学生，我们要好好读书、关心国家大事、克服困难、居安思危、增强忧患意识、顾全大局，为祖国的繁荣昌盛贡献出自己的一份力量。

加强思想政治引领教育，使当代大学生树立远大的理想和坚定崇高的信念，具有重要意义。我国高校越来越重视大学生的思想政治教育工作。互联网时代的到来，使青年大学生有机会接收到更多的信息，这些信息如同一把“双刃剑”，在开拓大学生眼界的同时也影响着大学生价值观念的形成。所以对当代青年大学生的教育，尤其是思想政治教育显得尤为重要。大学一方面要以理想引导大学生做什么样的人、走什么样的路，以理想激励大学生努力学习；另一方面要引导大学生加强道德修养，锤炼道德品质，继承和弘扬中华民族优良传统。

进入新时代以来，无论在国家发展大局、高等教育整体布局中，还是在学生群体自身建设格局中，大学生党员发展质量的提升都具有极其重要的战略价值。因此，要培养并吸纳优秀人才加入中国共产党，使其起到带头示范作用，带动全体大学生提高综合素质。大学生党员发展工作是一项系统工程，在保证党员素质与能力高水平的同时，还应充分发挥党员的先锋模范带头作用。

本章重点介绍了爱国主义、三观养成、遵纪守法、党员发展流程等，旨在使大学新生对于如何成为一名合格的大学生有更深刻的理解。要成为一名合格的大学生，就要做到德智体美劳全面发展，跟上社会的步伐，随着发展的潮流，不断充实自己、超越自己，发挥自己最大的潜能，实现自身的价值。

第一节　引领与培育时代新青年

一、什么是爱国主义

爱国主义是指个人或集体对祖国的一种积极和支持的态度，深刻揭示个人对祖国的依存关系，是人们对自己家园以及民族和文化的归属感、认同感、尊严感与荣誉感的统一。爱国主义集中表现为民族自尊心和民族自信心，以及为保卫祖国和争取祖国的独立富强而献身的奋斗精神。其不仅体现在政治、法律、道德、艺术、宗教等各种意识形态和整个上层建筑之中，还渗透到社会生活的各个方面，成为影响国家和民族命运的重要因素。

2017 年 10 月 18 日，习近平总书记在党的十九大报告中指出，要加强思想道德建设。人民有信仰，国家有力量，民族有希望。要提高人民思想觉悟、道德水准、文明素养，提高全社会文明程度。要广泛开展理想信念教育，深化中国特色社会主义和中国梦的宣传教育，弘扬民族精神和时代精神，加强爱国主义、集体主义、社会主义教育，引导学生树立正确的历史观、民族观、国家观、文化观。

大学生是青年中的骨干力量，是未来知识分子队伍的生力军，是国家的未来和民族的希望。知识分子是先进生产力的开拓者，在国家精神文明和物质文明建设中起着重要的作用。为了完成人民幸福、国家富强和民族复兴的伟大事业，大学生不仅需要培养具有适应现代社会发展的专业技能，还需要培养爱国主义精神，以提升对社会主义制度的认同感，确立社会主义理想信念，坚定正确的政治立场和政治观念，成为有理想、有抱负、全面发展的合格人才。

二、当代大学生应树立怎样的“三观”

世界观、人生观、价值观，是一个人对世界、对人生的基本看法和根本观点，是人们最基本、最重要的精神支柱。三者互相渗透、相辅相成，决定着人们的理想信念，影响着人们的思想境界，指导着人们的行为选择，关系着人们的价值判断。当代大学生是祖国的未来与希望，是社会主义建设者和接班人。培养正确的“三观”，对提高大学生的思想素质具有重要意义。

大学生要培养集体主义意识和精神。集体主义是社会主义社会在思想道德领域中最基本的价值导向，只有以集体主义价值观作为精神支柱，中国人民才能形成强大的凝聚力和创造力，才能完成社会主义现代化建设的伟大事业。大学生还要加强对社会主义的学习，只有通过对社会主义的学习，了解到社会主义的优越性，才能增加对祖国的认同感与归属感，把个人的目标追求与祖国的发展联系到一起，在社会主义的实践中实现自身的价值。同时，大学生还应用先进的理论思想武装头脑，明确为建设中国特色社会主义事业而奋斗的政治方向，并树立坚定信念。要把党组织的思想政治教育渗透到日常学习生活中，从而锻炼自己的思维，形成良好的判断能力，切实肩负起建设中国特色社会主义现代化的重任，努力成为一个高尚的、有道德的、有益于人民的人。

【思想阵地】

党的十八大以来，习近平总书记这样指导青年工作

党的十八大以来，习近平总书记先后到过中南大学、国防科学技术大学、北京大学、澳门大学、中国科技大学、中国政法大学等高校，多次同青年代表座谈、向青年致信，充分显示出习近平总书记对青年和青年工作的重视。

反复强调国家和民族责任

2013 年 5 月 4 日，习近平总书记同各界优秀青年代表座谈时指出，青年一代有理想、有担当，国家就有前途，民族就有希望，实现我们的发展目标就有源源不断的强大力量。

2014 年 5 月 4 日，习近平总书记在北京大学师生座谈会上强调，青年是标志时代的最灵敏的晴雨表，时代的责任赋予青年，时代的光荣属于青年。

2015 年 7 月 24 日，习近平总书记向全国青联十二届全委会和全国学联二十六大致贺信，强调祖国的未来属于青年，重视青年就是重视未来。

2016 年 4 月 26 日，习近平总书记在知识分子、劳动模范、青年代表座谈会上强调，全面建成小康社会，广大青年是生力军和突击队。

……

谈及青年，习近平总书记都会联系国家和民族，从时代的高度对广大青年提出希望。正如他在庆祝中国共产党成立 95 周年大会上对青年的寄语：“以青春之我，创建青春之家庭，青春之国家，青春之民族，青春之人类，青春之地球，青春之宇宙……”

青年人朝气蓬勃，是全社会最富有活力、最具有创造性的群体。2017 年 5 月 3 日，习近平总书记在中国政法大学考察时指出：“青年一代的理想信念、精神状态、综合素质，是一个国家发展活力的重要体现，也是一个国家核心竞争力的重要因素。”实现“两个一百年”奋斗目标、实现中华民族伟大复兴的中国梦离不开青年的人才支撑、智力支撑、创新支撑。不难想象，青年不但是现在的生力军，更是未来的主力军。习近平总书记反复强调青年之于国家和民族的责任，深意不言而喻。

“第一粒扣子”之喻语重心长

青年的价值取向决定了未来整个社会的价值取向。2014 年 5 月 4 日，习近平总书记在北京大学师生座谈会上，以“穿衣服扣扣子”为喻形象地指出，人生的扣子从一开始就要扣好，如果第一粒扣子扣错了，剩余的扣子都会扣错。

对于广大青年来说，扣好人生“第一粒扣子”就是要坚定理想信念。习近平总书记语重心长地告诫青年，“功崇惟志，业广惟勤”，没有理想信念，就会导致精神上“缺钙”。

习近平总书记还强调，广大青年对五四运动的最好纪念，就是在党的领导下，勇做走在时代前列的奋进者、开拓者、奉献者，同全国各族人民一道，担负起历史重任，让五四精神放射出更加夺目的时代光芒。换言之，就是要求广大青年“不忘初心”。在中国政法大学，习近平总书记明确指出，不忘“坚定跟党走”这个初心，是我国广大青年的政治选择，也是我国广大青年的人生航向。他还在中国政法大学主题团日活动上，深情回忆起他上初中一年级时学习穆青等撰写的歌颂焦裕禄的文章的感受，说焦裕禄精神“一直是一盏明灯”，突出的就是焦裕禄同志坚定跟党走，一生都在为党分忧、为党添彩的坚定理想信念。

每个时代都有每个时代的历史使命，一代青年有一代青年的历史际遇。

勉励青年下苦功夫求真学问

青年正处于学习的黄金时期，寄语青年，习近平总书记必谈学习。“非学无以广才，非志无以成学。”“人才有高下，知物由学。”“学如弓弩，才如箭镞。”……习近平总书记劝学，不厌其烦。

2013 年 5 月 4 日同各界优秀青年代表座谈时，习近平总书记便强调，应该把学习作为首要任务，作为一种责任、一种精神追求、一种生活方式。具体怎么学，习近平总书记也进行了阐述：要勤学，下得苦功夫，求得真学问。

2016 年 4 月 26 日召开的知识分子、劳动模范、青年代表座谈会上，习近平总书记强调，广大青年要保持初生牛犊不怕虎的劲头，不懂就学，不会就练，没有条件就努力创造条件。

在中国政法大学考察时，习近平总书记又提出，广大青年需要像海绵汲水一样汲取知识，惜时如金、孜孜不倦，下一番心无旁骛、静谧自怡的功夫。

学习也要注重方法，专攻博览，内化于心。习近平总书记强调，要突出主干、择其精要，努力做到又博又专、愈博愈专。特别是要克服浮躁之气，静下来多读经典，多知其所以然。同时，培养和训练科学思维方法和思维能力也十分重要。习近平总书记强调，青年要养成历史思维、辩证思维、系统思维、创新思维的习惯，终身受用。

学习的目的在于运用，习近平总书记一直要求学以致用、学用相长。他说要“既多读有字之书，也多读无字之书”，就是要青年躬身实践，将知识转化为能力。

习近平总书记还强调，对想做爱做的事要敢试敢为，努力从无到有、从小到大，把理想变为现实。要敢于做先锋，而不做过客、当看客。这样说，意在强调在勤学的基础上还要笃行，做到知行合一。习近平总书记不只一次表示，青年有着大好机遇，关键是要迈稳步子、夯实根基、久久为功。

在中国政法大学主题团日活动上，习近平总书记对青年学生树立远大的志向表示肯定。他说“青年要立志做大事，不要立志做大官”，强调的就是扎扎实实干事，踏踏实实做人。习近平总书记强调，青年在成长和奋斗中，会收获成功和喜悦，也会面临困难和压力。他勉励广大青年要正确对待一时的成败得失，同时要求各级党委和政府也要始终关心和爱护学生成长，为他们放飞青春梦想、实现出彩人生搭建舞台。

2016 年 12 月，全国高校思想政治工作会议召开，习近平总书记发表重要讲话。他强调，要坚持把立德树人作为中心环节，把思想政治工作贯穿教育教学全过程，实现全程育人、全方位育人，努力开创我国高等教育事业发展新局面。这次会议上，他还明确要求，必须围绕学生、关照学生、服务学生，不断提高学生思想水平、政治觉悟、道德品质、文化素养，让学生成为德才兼备、全面发展的人才。各地党委书记和有关部门党组书记要多到高校走走，多同师生接触，多去高校作报告，回答师生关注的理论和现实问题。高校党委要履行好管党治党、办学治校的主体责任，做到三个“结合”：把思想政治工作和党的建设工作结合起来，把立德树人、规范管理的严格要求和春风化雨、润物无声的灵活方式结合起来，把解决师生的思想问题和教学、科研、学习、就业等实际问题结合起来，使高校始终充满积极向上的正能量、洋溢蓬勃向上的青春活力、展现改革创新的时代风采。

2021 年 4 月 19 日，习近平总书记在清华大学考察时强调，当代中国青年是与新时代同向同行、共同前进的一代，生逢盛世，肩负重任。青年兴则国家兴，青年强则国家强。他还说，展望未来，我国青年一代必将大有可为，也必将大有作为。这是“长江后浪推前浪”的历史规律，也是“一代更比一代强”的青春责任。广大青年要勇敢肩负起时代赋予的重任，志存高远，脚踏实地，努力在实现中华民族伟大复兴的中国梦的生动实践中放飞青春梦想。

三、遵纪守法，遵守校纪校规

一个学校的校纪校规代表着这个学校的管理系统和管理理念。一名合格的大学生就必须要遵守校园文明规范：注重人身安全，不去危禁区域；注重爱护草木；注重交往得体，不勾肩搭背；注重文明习惯，不随地吐痰；注重身体健康，不酗酒吸烟；注重公共卫生，不乱扔、倒垃圾；注重保护景观，不准乱涂乱画；注重爱护公物，不损坏公共设施；注重个人仪表，不穿奇装异服；注重课堂秩序，不带食品饮料；不晚回寝室；不用危险的电子产品；保持寝室卫生；等等。没有规矩，不成方圆，学校规章制度的建立和实行并不是为了限制自由、约束个性，而是为了维护学校正常的教育教学秩序，维护学生生活与学习的权益。

社会公德是每个社会成员在公共生活中必须遵守的基本行为准则，是调整人与人、人与社会、人与自然之间相互关系的标准、原则和规范的总和，也是社会文明程度的体现。大学生是青年中受教育程度较高的群体，是文化和知识的接受者和传播者，又是社会文化的创造者，应该在社会公德方面体现出较高的素质。加强和改进大学生社会公德教育，使大学生树立正确的道德观念，养成良好的文明行为习惯，对于构建社会主义和谐社会、全面实施科教兴国和人才强国战略和加快推进社会主义现代化的宏伟目标，具有重大而深远的战略意义。

近年来，高等学校对大学生的思想政治教育及社会公德教育逐渐重视，特别是《公民道德建设实施纲要》颁布后，各高校积极宣传、贯彻落实，取得了明显成效。从总体上看，当代大学生社会公德意识的主流是健康的、积极向上的。大学生们热爱祖国、关心国家的前途和命运，关注世界的发展变化，具有强烈的民族自豪感、历史责任感和社会责任感；热心公益活动，开拓进取，勇于奉献，能够在行为层面上很好地践行社会公德，表现出较强的社会公德观念和意识。

网络改变青年学生的工作和生活方式。网络时代的青年学生思想教育是一项复杂的系统工程，因此政府、社会、家庭要协作联动，努力做到把传统的青年学生教育的政治优势和互联网的特征有机结合起来；把党、政府和群众团体的组织力量和培养网上青年志愿者的工作结合起来；把网站的建设工作落到实处。

因此，加强大学生社会公德的正面引导和教育，对促进大学生的健康成长和社会公德的培育有着十分重要的意义。

第二节　我心向党，不负青春

中央电视台热播剧《觉醒年代》，作为“庆祝中国共产党成立100周年优秀电视剧展播”作品之一，是学习党史的优质材料。在心潮澎湃、热泪盈眶的历史体验中，回望百年党史、追溯如磐初心。李大钊、陈延年、陈乔年……他们的革命品格、斗争精神、爱国主义情怀和青春正能量深深震撼了当代青年。这部作品立体直观地回顾了马克思主义早期在中国的传播和中国共产党创建的全过程，让人们更加深刻地体会到中国共产党成立的历史必然。

《觉醒年代》让当代青年对“青春”二字有了更加深刻的理解。“为世界进文明，为人类造幸福，以青春之我，创建青春之家庭，青春之国家，青春之民族，青春之人类，青春之地球，青春之宇宙，资以乐其无涯之生。”这句话出自李大钊的《青春》，写下这篇文章时，李大钊只有27岁。自撰写《青春》一文起，李大钊成为《新青年》的重要撰稿人。1916年回国后，他先后发表《布尔什维主义的胜利》《我的马克思主义观》等文章。他宣称：“试看将来的环球，必是赤旗的世界！”他向中国人民介绍了什么是“十月革命”，什么是“布尔什维主义”，影响了青年一代。

全面学习贯彻落实习近平新时代中国特色社会主义思想和党的十九大、十九届五中全会精神，坚持理论联系实际，能够进一步加强大学生对党的认识和对党的基本理论、路线、方针政策的理解，帮助大学生坚定对马克思主义的信仰，对社会主义和共产主义的信念，自觉向党组织靠拢，使大学生能以党员标准严格要求自己，自觉加强党性锻炼，努力提高综合素质，发挥先锋模范作用，不负青春。

一、对党的认识以及党员的权利和义务

中国共产党是中国工人阶级的先锋队，同时是中国人民和中华民族的先锋队，是中国特色社会主义事业的领导核心，代表中国先进生产力的发展要求，代表中国先进文化的前进方向，代表中国最广大人民的根本利益。党的最高理想和最终目标是实现共产主义。

中国共产党以马克思列宁主义、毛泽东思想、邓小平理论、“三个代表”重要思想、科学发展观、习近平新时代中国特色社会主义思想作为自己的行动指南。

1. 中国共产党党员主要权利

（1）参加党的有关会议，阅读党的有关文件，接受党的教育和培训。

（2）在党的会议上和党报党刊上，参加关于党的政策问题的讨论。

（3）对党的工作提出建议和倡议。

（4）在党的会议上有根据地批评党的任何组织和任何党员，向党负责地揭发、检举党的任何组织和任何党员违法乱纪的事实，要求处分违法乱纪的党员，要求罢免或撤换不称职的干部。

（5）行使表决权、选举权，有被选举权。

（6）在党组织讨论决定对党员的党纪处分或作出鉴定时，本人有权参加和进行申辩，其他党员可以为他作证和辩护。

（7）对党的决议和政策如有不同意见，在坚决执行的前提下，可以声明保留，并且可以把自己的意见向党的上级组织直至中央提出。

（8）向党的上级组织直至中央提出请求、申诉和控告，并要求有关组织给予负责的答复。

党的任何一级组织直至中央都无权剥夺党员的上述权利。

2. 中国共产党党员主要义务

（1）认真学习马克思列宁主义、毛泽东思想、邓小平理论、“三个代表”重要思想、科学发展观、习近平新时代中国特色社会主义思想，学习党的路线、方针、政策和决议，学习党的基本知识，学习科学、文化、法律和业务知识，努力提高为人民服务的本领。

（2）贯彻执行党的基本路线和各项方针、政策，带头参加改革开放和社会主义现代化建设，带动群众为经济发展和社会进步艰苦奋斗，在生产、工作、学习和社会生活中起先锋模范作用。

（3）坚持党和人民的利益高于一切，个人利益服从党和人民的利益，吃苦在前，享受在后，克己奉公，多做贡献。

（4）自觉遵守党的纪律，首先是党的政治纪律和政治规矩，模范遵守国家的法律法规，严格保守党和国家的秘密，执行党的决定，服从组织分配，积极完成党的任务。

（5）维护党的团结和统一，对党忠诚老实，言行一致，坚决反对一切派别组织和小集团活动，反对阳奉阴违的两面派行为和一切阴谋诡计。

（6）切实开展批评和自我批评，勇于揭露和纠正违反党的原则的言行和工作中的缺点、错误，坚决同消极腐败现象作斗争。

（7）密切联系群众，向群众宣传党的主张，遇事同群众商量，及时向党反映群众的意见和要求，维护群众的正当利益。

（8）发扬社会主义新风尚，带头实践社会主义核心价值观和社会主义荣辱观，提倡共产主义道德，弘扬中华民族传统美德，为了保护国家和人民的利益，在一切困难和危险的时刻挺身而出，英勇斗争，不怕牺牲。

二、树立正确的入党动机

入党，意味着将党和人民的利益放在首位。党员个人利益的实现，包含在党和人民利益的实现之中。中国共产党坚持人民的利益高于一切的原则，当个人利益与党和人民的利益发生矛盾时，党员必须毫不犹豫地以个人利益服从党和人民的利益。

入党，意味着多挑重担、多做贡献。因为中国共产党是中国工人阶级的先锋队，同时是中国人民和中华民族的先锋队，党的奋斗目标，党的路线、方针和政策，代表了最广大人民群众的利益和愿望。因此，共产党员从来都把全心全意为人民服务、脚踏实地工作、努力为人民多做贡献作为自己的行动准则。

端正入党动机是入党的前提，树立正确的入党动机应当注重以下几个方面。

第一，认真学习马克思主义理论，加深对党的了解。一个人入党动机是不是正确，往往同他对共产主义事业和共产党的认识有直接关系。马克思主义对共产主义事业做出了科学阐述。许多同志通过加强对马克思主义基本理论的学习，加强对以《中国共产党章程》为主要内容的党的基本知识的学习，加深对党的认识，树立正确的入党动机。我们把朴素的、感性的认识上升到自觉的、理性的高度，是端正入党动机的基础。

第二，通过实践锻炼，不断端正入党动机。共产党员的党性不是天生的，而是在长期的革命实践中不断修养和磨炼而获得的。刘少奇同志曾指出，共产党员由一个幼稚的革命者变成一个成熟的革命家，要经过一个很长的革命锻炼和修养的过程，一个长期改造的过程。这就是说，入党的同志仅有入党的愿望是不够的，还必须付诸行动，在实践中不断端正自己的入党动机。通过投身于新时代建设中国特色社会主义伟大事业的实践活动，加深对共产主义事业和共产党的理解和认识，强化正确的入党动机。

第三，加强主观世界改造，克服不正确的入党动机。端正入党的过程，就是一个思想认识不断提高的过程。这就要求入党的同志主动地向党组织靠拢并争取党组织对自己的帮助和教育，加强主观世界的改造，不断提高思想道德素质，逐步树立正确的世界观、人生观和价值观，从而把思想上入党为民、入党为公作为孜孜不倦的终身追求。

第四，端正入党动机不是一时的问题，而是一辈子的事情。毛泽东同志指出，有许多党员，在组织上入了党，思想上并没有完全入党。每个要求入党的同志都应引以为鉴，不论组织上是否入党，都应做到首先在思想上真正入党，绝不能“入党前拼命干，入党后松一半”。“活到老，学到老，思想改造到老”，才是共产党员所不断追求的。

三、以实际行动争取入党

1. 加深对党的理解

《中国共产党章程》（以下简称《党章》）规定：中国共产党是中国工人阶级的先锋队，同时是中国人民和中华民族的先锋队，是中国特色社会主义事业的领导核心，代表中国先进生产力的发展要求，代表中国先进文化的前进方向，代表中国最广大人民的根本利益。这是新的历史条件下我们党关于自身性质的最科学、最全面、最准确的概括和总结。

我们党曾经领导着水深火热中的中国人民取得了新民主主义革命的胜利，建立了独立自主的新中国。我们党曾经领导着沉浸在新中国建立喜悦中的中国人民顺利完成社会主义改造，使得社会主义制度在我国被建立起来。我们党正领导着豪情万丈的中国人民有条不紊地进行着社会主义现代化建设。

2. 用先进思想武装自己

我们党的指导思想是马克思列宁主义、毛泽东思想、邓小平理论、“三个代表”重要思想、科学发展观和习近平新时代中国特色社会主义思想。作为一名入党积极分子，必须用先进思想来武装自己，只有这样，才能树立正确的世界观、人生观和价值观，才能正确理解和坚决执行党的各种理论、方针与政策，才更有可能经受住党组织的考验，从而成为党组织中一名合格的成员。

3. 及时有效地学习领会党的最新方针与政策

我们党的最高理想和最终目标是实现共产主义，要实现这一远大理想，还有很长的路要走，也有很多的工作要做。因此，我们在坚定共产主义远大理想的同时，必须脚踏实地地做好当前的事。对于入党积极分子来说，就是要紧跟党的步伐，及时有效地学习领会党的最新方针与政策，这些最新方针与政策会指引我们朝着正确的方向去努力。

4. 正确处理政治理论学习和业务学习的关系

大学生的主要任务是学习，如果没有良好的专业知识背景和分析解决问题的能力，就很难做出贡献，也就无从谈起成为一名合格的共产党员了。因此在加强政治理论学习的同时必须完成好学业，否则就“空有一腔报国志”了。

5. 积极参与各项活动，践行为人民服务的宗旨

为党的事业做贡献需要各种各样的能力，也需要全心全意为人民服务的信念。作为一名入党积极分子需要在各种各样的活动中锻炼自己，形成并提升自己的素质，在活动中践行全心全意为人民服务的宗旨。

6. 起好模范带头作用，提升自己并影响他人

榜样的力量是无穷的，共产党员要起好模范带头作用。要坚持以党员的标准来严格要求自己，以实实在在的行动起好模范带头作用。这样，一方面可以使自己做得更好，另一方面也可以影响他人。

总之，以实际行动争取入党，必须端正入党动机，坚定共产主义远大理想，加强政治理论学习，从身边点滴做起。

四、申请入党的条件

究竟什么样的人能够成为党员？《党章》第一章第一条规定：“年满十八岁的中国工人、农民、军人、知识分子和其他社会阶层的先进分子，承认党的纲领和章程，愿意参加党的一个组织并在其中积极工作、执行党的决议和按期交纳党费的，可以申请加入中国共产党。”

因此，按照《党章》规定，申请加入中国共产党，必须具备以下五个基本条件。

1. 年龄在 18 岁及以上的中国公民

一个人成年后才可能有比较成熟的政治判断力，并确立自己的政治信仰和终身志向。加入中国共产党必须是具有中国国籍的工人、农民、军人、知识分子和其他社会阶层的先进分子。申请入党的人必须年满 18 岁，由本人向党组织提出书面入党申请。

2. 承认党的纲领和章程

“承认”不仅是口头上的拥护和接受，更重要的是有实现党的纲领、执行党的章程的行动，立志为共产主义事业奋斗终身。

3. 愿意参加党的一个组织并在其中积极工作

只有参加党的一个组织并积极工作，才能保证全党在思想上、政治上、行动上的高度一致，党才有战斗力。

4. 坚决执行党的决议

党的决议代表全党的意志，必须贯彻执行。如果每个党员自行其是，党的团结统一就会受到破坏，党就没有战斗力。

5. 按期交纳党费

这是每个党员的义务，是党员关心党的事业、有组织观念的一种表现。

五、入党的程序与手续

发展党员主要有申请入党、入党积极分子的确定和培养教育、发展对象的确定和考察、预备党员的接收、预备党员的教育考察和转正 5 个环节 25 个步骤。这在《中国共产党发展党员工作细则》中有详述。

（一）申请入党

1. 递交入党申请书

条件：年满 18 岁的中国工人、农民、军人、知识分子和其他社会阶层的先进分子，承认党的纲领和章程，愿意参加党的一个组织并在其中积极工作、执行党的决议和按期交纳党费。

要求：向工作、学习所在单位党组织提出入党申请；没有工作、学习单位或工作、学习单位未建立党组织的，向居住地党组织提出入党申请；流动人员还可以向单位所在地党组织或单位主管部门党组织、流动党员党组织提出入党申请。

注意：本人提出；书面申请。

2. 党组织派人谈话

时间：党组织收到入党申请书 1 个月内。

主体：党支部书记、副书记或组织委员。

内容：了解入党申请人基本情况；介绍入党条件和程序；加强教育引导。

（二）入党积极分子的确定和培养教育

1. 推荐和确定入党积极分子

范围：已递交入党申请书且已接受党组织谈话的人员。

方式：采取党员推荐、群团组织推优等方式产生人选。

决定：支部委员会（不设支部委员会的由支部大会）研究决定。

注意：综合运用推荐结果，防止简单以票取人。

2. 上级党委备案

材料：入党申请人基本情况；推荐和推优情况；支部委员会意见等。

要求：了解入党积极分子是否具备条件；手续是否齐全。

3. 指定培养联系人

数量：一至两名正式党员。

任务：向入党积极分子介绍党的基本知识；了解入党积极分子的政治觉悟、道德品质、现实表现和家庭情况等，做好培养教育工作，引导入党积极分子端正入党动机；及时向党支部汇报入党积极分子情况；向党支部提出能否将入党积极分子列为发展对象的意见。

4. 培养考察教育

方法：吸收入党积极分子听党课、参加党内有关活动，为其分配一定的社会工作，并组织集中培训等。

目的：使入党积极分子懂得党的性质、纲领、宗旨、组织原则和纪律，懂得党员的义务和权利，帮助他们端正入党动机，确立为共产主义事业奋斗终身的信念。

要求：党支部每半年对入党积极分子进行 1 次考察；基层党委每年对入党积极分子队伍状况作 1 次分析。

注意：入党积极分子工作、学习所在单位（居住地）变动，应及时报告原单位（居住地）党组织；原单位（居住地）党组织应及时将培养教育等有关材料转交现单位（居住地）党组织；现单位（居住地）党组织应对有关材料进行认真审查，并继续做好培养教育工作。培养教育时间可连续计算。

（三）发展对象的确定和考察

1. 确定发展对象

条件：经过 1 年以上培养教育和考察、基本具备党员条件的入党积极分子。

要求：听取党小组、培养联系人、党员和群众意见。

确定：支部委员会（不设支部委员会的由支部大会）讨论同意并报上级党委备案后可列为发展对象。

2. 报上级党委备案

要求：认真审查；提出意见。

注意：同意后列为发展对象。

3. 确定入党介绍人

数量：两名正式党员。

方式：入党介绍人一般由培养联系人担任，也可由党组织指定。

要求：入党介绍人认真完成培养教育任务。

注意：受留党察看处分、尚未恢复党员权利的党员，不能作入党介绍人。

4. 进行政治审查

审查内容：对党的理论和路线、方针、政策的态度；政治历史和在重大政治斗争中的表现；遵纪守法和遵守社会公德情况；直系亲属和与本人关系密切的主要社会关系的政治情况。

方法：同本人谈话、查阅有关档案材料、找有关单位和人员了解情况以及必要的函调或外调。对流动人员中的发展对象进行政治审查时，还应当征求其户籍所在地和居住地基层党组织的意见。

要求：政治审查必须严肃认真、实事求是，注重本人的一贯表现。审查情况应当形成结论性材料。

注意：未经政治审查或政治审查不合格的，不能发展入党。

5. 开展集中培训

主体：基层党委或县级党委组织部门。

时间：不少于 3 天（或不少于 24 个学时）。

注意：未经培训的，除个别特殊情况外，不能发展入党。

（四）预备党员的接收

1. 支部委员会审查

要求：征求党员和群众意见；对发展对象进行严格审查；集体讨论是否合格。

2. 上级党委预审

方式：发展对象的条件、培养教育情况等；根据需要听取执纪执法等相关部门的意见。

要求：审查结果以书面形式通知党支部，并向审查合格的发展对象发放《中国共产党入党志愿书》。

注意：发展对象未来 3 个月内将离开工作、学习单位的，一般不办理接收预备党员的手续。

3. 填写入党志愿书

要求：在入党介绍人指导下，由本人按照要求如实填写。

4. 支部大会讨论

程序：发展对象汇报对党的认识、入党动机、本人履历、家庭和主要社会关系情况，以及需向党组织说明的问题；入党介绍人介绍发展对象有关情况，并对其能否入党表明意见；支部委员会报告对发展对象的审查情况；与会党员对发展对象能否入党进行充分讨论，并采取无记名投票方式进行表决。

注意：有表决权的到会人数必须超过应到会有表决权人数的半数，才能开会；赞成人数超过应到会有表决权的正式党员的半数，才能通过接收预备党员的决议。因故不能到会的有表决权的正式党员，在支部大会召开前正式向党支部提出书面意见的，应当统计在票数内。支部大会讨论两个以上的发展对象入党时，必须逐个讨论和表决。

5. 上级党委派人谈话

时间：党委审批前。

人员：党委委员或组织员。

目的：作进一步的了解，并帮助发展对象提高对党的认识。

要求：谈话人应当将谈话情况和自己对发展对象能否入党的意见，如实填写在《中国共产党入党志愿书》上，并向党委汇报。

6. 上级党委审批

内容：是否具备党员条件、入党手续是否完备。

要求：集体讨论和表决。两个以上的发展对象，应当逐个审议和表决。

时间：对党支部上报的接收预备党员的决议，应当在3个月内审批，并报上级党委组织部门备案。特殊情况可适当延长，不得超过6个月。

注意：党总支、乡镇（街道）所属的基层党委以及党组不能审批预备党员。除另有规定外，临时党组织不能接收、审批预备党员。

7. 再上一级党委组织部门备案

目的：掌握预备党员结构、分布、质量等情况，发现问题，及时解决。

（五）预备党员的教育考察和转正

1. 编入党支部和党小组

要求：及时将上级党委批准的预备党员编入党支部和党小组，对预备党员继续进行教育和考察。

2. 入党宣誓

组织：基层党委或党支部（党总支）组织。

程序：奏《国际歌》；党组织负责同志致辞；预备党员宣誓；参加宣誓的预备党员发言；党组织负责同志讲话、提出要求。

要求：在正式场合举行；严肃认真；庄重简朴；严密紧凑。

3. 继续教育考察

方式：参加党的组织生活、听个人汇报、个别谈心、集中培训、实践锻炼等。

时间：预备期为 1 年。预备期从支部大会通过其为预备党员之日算起。

4. 提出转正申请

要求：预备期满，书面提出转正申请。

5. 支部大会讨论

准备：党小组提出意见；党支部征求党员和群众的意见；支部委员会审查。

程序：参照接收预备党员程序。

结果：认真履行党员义务、具备党员条件的，应当按期转为正式党员；需要继续考察和教育的，可以延长一次预备期，延长时间不能少于半年，最长不超过 1 年；不履行党员义务、不具备党员条件的，应当取消其预备党员资格。

6. 上级党委审批

时间：党支部上报的预备党员转正的决议，应当在 3 个月内审批。

要求：审批结果应及时通知党支部。党支部书记应当同本人谈话，并将审批结果在党员大会上宣布。

注意：党龄从预备期满转为正式党员之日算起。

7. 材料归档

内容：《中国共产党入党志愿书》、入党申请书、政治审查材料、转正申请书和培养教育考察材料。

要求：有人事档案的，交党委存入本人人事档案；无人事档案的，建立党员档案，由所在党委或县级党委组织部门保存。

【成长榜样】

彼时当年少，莫负好时光

2021 年 4 月，李映被评为“四川省优秀大学毕业生”。在刚进入大学时，她立志要在大学期间好好学习，不能再像高中一样虚度光阴。因此，她决定竞选学习委员，一来可以督促自己学习，二来可以锻炼自己的能力。担任学习委员期间，她不仅是老师和同学们之间的桥梁，同时还以身作则，带头学好专业知识，学业成绩始终名列前茅。随后，她又担任了班里的心理委员，加入了青年志愿者协会，任副会长一职。班委以及社团的工作大大提高了她的组织能力以及为人处事的能力，使她受到了老师和同学们的一致好评，她的综合素质测评排名始终保持班级第一。

在思想上，她在了解了中国共产党的先进性后积极向党组织靠拢，于 2019 年 3 月主动向党组织递交了入党申请书，经过一学期的努力，于 2019 年 9 月成为一名入党积极分子。2020 年 9 月，她光荣地成为一名预备党员，从此更加严格要求自己，努力学习，积极工作，争做最好的自己。在大二的时候，她与同学们作为工作室负责人，参与了项目策划、分析、联络、拍摄、剪辑等工作，学院的大楼每天都有她忙碌的身影。“在这里，我的工作能力、组织能力、管理能力得到了进一步提升。”李映说。

在毕业实习期间，她在上海一家公司进行了为期三个月的实习，工作认真负责，一丝不苟，受到了部门主管的好评，被评为了“优秀实习生”。这一荣誉更加激励了她要努力工作。在寒暑假期间，她也做过服务员、销售等兼职，这些社会活动锻炼了她的社会工作能力。她也参加过学校的高考招生工作，为学校的发展尽一份绵薄之力。

回顾几年的大学生活，李映激动地说，感谢经历，感谢成长路上遇到的所有人，也许你正处在困境，抱怨生活的不易，但困境过去之后，那些经历的好与坏，都会让你成长，你将会收获满满。所以，珍惜当下所拥有的一切吧，为了自己的梦想好好努力，做最好的自己！

行动篇

如何经营大学生活，不虚度1 000多天的大学时光？这个问题对每一位大学生来说都是非常重要的。安排好每天的时间，踏踏实实、如饥似渴地去学习知识、技能，培养良好的自主学习、主动学习、全方位学习的习惯并长期践行，这样每天进步一点点，你将收获最珍贵的大学时光，成为更加优秀的自己。

第三章 大学第一课——军训

本章导读

大学，多么令人憧憬的字眼！进入大学，接受考验，迎接大学生的第一课是军训。在军训期间，大学生会深刻地认识到团队的重要性，体会到彼此扶持共同成长的情感；会养成很多良好的习惯，用正确的行为展现自我；会和同伴们一起努力拼搏，奋勇前进。你们是不是已经跃跃欲试了？

军训是一种人生体验，是战胜自我、锻炼意志的良机，是人生中的一次难得的考验和磨砺。军训不但能培养人吃苦耐劳的精神，也能磨炼人的坚强意志。《孟子》说："天将降大任于是人也，必先苦其心志，劳其筋骨，饿其体肤。"军训，是大学的第一堂课，在这堂课上有严明的纪律、有紧张、有欢笑……

考上大学不意味着一劳永逸，人生中有好多的关口要过，有好多的责任等我们去扛，也有好多的义务等我们去尽。大学只是人生万里长征中的关键一步，而军训则是大学生活的第一步。

第一节 体验"军营"生活，培养优秀品质

又是一年开学季，一年一度的高校新生军训活动也在如火如荼地进行着。火热的校园里，同学们那一张张青春的笑脸，一条条有力的臂膀，一声声自信的呐喊，混合成一道亮丽的风景线。烈日晒黑了他们的皮肤，却使滚烫的心变得更加坚强；汗水浸

湿了他们的衣襟，却留下了许多难以言表的收获。无军训，不青春。这是一次蜕变，让大学生遇见更好的自己。

一、正确理解军训的意义

军训能培养同学们应对挫折的能力，增强同学间的交流，增强集体意识。军训的磨炼让大学生在今后的学习与生活中更加勇敢地面对挫折。

军训是一次集中、统一、紧张、严肃的集体活动。在这次集体活动里，每一个学生都变成了一名普通士兵，受各种纪律的约束，被艰苦生活锤炼。军训的时间虽短，但经过艰苦训练，学生的身体素质和心理素质极大地提高了，学生锻炼身体、增强体质的自觉意识也得到了培养，这将为他们以后的学习和工作打下坚实的基础。军训培养和磨炼了学生果断、勇敢、顽强、自制和坚忍不拔的优良意志品质。这些意志品质将成为他们正确把握人生航向、迎着狂风巨浪向理想前进的底气和助力。

有大学生感慨："军训是尖锐的凿子，以粗暴而不讨喜的手段，帮助我们过渡，帮助我们成为更友好的、更坚强的、更高标准的人。破冰只是一刹那的动作，而让冰面裂解却需要长期的功夫，军训的长远意义也在于成为裂解的催化剂，成为能支撑我们走得更远、更稳的充实记忆。这种记忆不同于灯红酒绿的缤纷，它或许稍暗淡，但光芒不止，始终照亮前方，成为我们想起就会发笑的美好。军训在短期或长期对我们来说都有深刻意义，虽然很苦，但令人心情愉悦，有一种吃苦的幸福。"

对于学生而言，军训是一次磨砺，是一次成长，是一段非同寻常的经历。我们常说，要做有理想、有道德、有文化、有纪律的"四有新人"，要德、智、体、美、劳全面发展，军训就是促使我们达成这些目标的良机。

二、军训的内容

军训一般包含两大方面：军事理论教学和军事技能训练。

军事理论教学以马克思列宁主义、毛泽东思想、邓小平理论、"三个代表"重要思想、科学发展观和习近平新时代中国特色社会主义思想中关于国防和军队建设的重要论述为指导，以国防教育为主线，通过课程教学，使大学生掌握基本军事理论，增强国防观念和国家安全意识，一方面促进大学生综合素质的提高，另一方面也有利于增强国防后备力量和培养高素质的社会主义建设者和接班人。军事理论教育是全民教育的重大课题，也是高等教育、国防教育的重要组成部分。

军事技能训练包括站军姿、队列练习、喊口号、唱军歌、内务整理、军体拳、匍匐前进、拉歌、半夜拉练、会操表演等。除了正常的军事训练，有些高校还会有战地救护、实战打靶、军事地形学等科目。

队列是军人进行集体活动必需的组织形式，队列练习是军训的必修课和重头戏，包括立正、稍息、行进走、正步走、立定、蹲下、起立、整理着装、敬礼、礼毕等。通过严格的军人队列动作、队列队形、分列式和阅兵式训练，大学生可以熟练掌握军人队列队形动作要领，锻炼自觉用条令规范行为举止的能力，养成良好的生活习惯。

第二节　增强纪律意识和团队意识

军训要求学生学习解放军铁的意志、铁的纪律、铁的作风，培养学生的集体荣誉感和团队精神，它通过加强思想政治教育、纪律约束和制度规范，使学生外树形象、内强素质，培养坚定的信念、过硬的本领、优良的作风和高度的组织纪律性，全面提高学生的整体素质。良好的开端是成功的一半，大学新生军训可以为大学生揭开人生新的篇章、成功完成大学学业打下良好基础。

教育部《高校思想政治工作质量提升工程实施纲要》指出："高校要坚持理论教育与实践养成相结合，整合各类实践资源，强化项目管理，丰富实践内容，创新实践形式，拓展实践平台，完善支持机制，教育引导师生在亲身参与中增强实践能力、树立家国情怀。"《教育部等部门关于进一步加强高校实践育人工作的若干意见》也指出："实践教学、军事训练、社会实践活动是实践育人的主要形式……要通过开展军事训练，使学生掌握基本军事技能和军事理论，增强国防观念、国家安全意识，弘扬爱国主义、集体主义和革命英雄主义精神，培养艰苦奋斗、吃苦耐劳的作风。"可见，军训不仅是大学第一课，更是高校实践育人和思想政治教育工作的重要一环。

军队是一个培养人、锻炼人的大课堂，这个课堂培养出来的学生，素质过硬、作风优良、组织纪律性好，有着很强的集体主义观念和团队精神。军训期间养成的良好习惯，应在整个大学期间甚至步入社会后继续保持，这对大学生来说是终身受益的。

一、培养责任意识和担当意识

努力成为一名独立、有责任、有担当的大学生。年龄上的成年不代表已经成为真正的成年人，大学第一课会告诉大学生什么是真正的成年人，会让我们脱离"依赖"，也会培养我们独立思考、独立完成任务的能力。在独立的基础上要有责任意识，要清楚地知道自己的责任是什么并自觉地承担责任。大学生要培养担当意识，担当是对责任的担负，遇到事情不要推诿，敢于攻坚克难。大学生是祖国的未来和希望，要时刻牢记自己已经是成年人，要有高度的独立性、责任感和使命感。

二、培养团队精神

大学新生来自天南海北，由于地域、民族、风俗的差异，新生们在思想、观念、学习和生活作息习惯等方面往往有着较大的区别。进入大学，新生们组成一个新的“大家庭”。初来乍到，在新的环境中一起学习、生活和成长，新生体验到的既有短暂的新鲜感，也有相互理解和磨合的磕磕绊绊。大学是一个全新的大集体，新生们要学会摆正心态，找到自己的定位，与同学们相互尊重、平等相处、互谅互让、团结互助，实现共同进步。学会团结协作，培养团队精神，这也是军训的重要意义。

军训注重培养学生的集体主义观念和团队精神。例如在军训中，学生在进行踢正步、喊口号、练队列等军事训练时，最基本的要求之一就是整齐划一，这就是集体的体现。团队精神的核心是协同合作，是个体利益与集体利益的高度统一。团队文化是提高团队感召力、凝聚力的重要一环。军训的过程，也是教会同学们形成团队精神、团队意识、团队文化的过程。在组织比赛和长途拉练时，同学们互相呐喊助威、加油鼓励、相互扶持、共同前进，这种团结精神使集体和集体中每个成员都有着无穷的、奋发向上的力量。成长的个人组成了进步的集体，团结向上的集体又反过来影响每个人，在这样积极向上的氛围中，在这种团队协作精神的鼓舞和扶持下，个人必将获得更加迅速的锻炼、提高和更加全面的发展。

在军训过程中，队伍是小集体，所有队伍又组成大集体，所有队伍和校领导、全体军训教官、辅导员又组成了更大的集体。在这个集体里，校军训领导小组、辅导员、班导、教官等会陪伴在同学们身边，时刻做好服务工作，见证同学们的成长和蜕变。

三、养成良好的组织纪律性

对高校新生进行军训，可以防止学生养成散漫等坏习惯，使学生培养良好的组织纪律性，从而保证学校的各项教学工作的顺利开展，维护学校良好的校园环境和校园秩序。学生在这样有序的环境中，可以安心不受干扰的学习和锻炼。老师安心地教，学生安心地学，充分利用学校的资源环境优势，快速提高学生综合素质。大学新生在军训中培养的这种组织纪律性和正规而紧张有序的生活习惯，会使大学生受益终身。

众所周知，不只是高校，社会中的各个团体、组织和企事业单位也都非常注重员工的组织纪律性，如果一个集体中的个人都有良好的组织纪律性，那么这个集体也将是一个充满战斗力、竞争力和朝气的集体。所以各单位在人才引进时，都十分地注重他们的组织纪律性和生活作风。大学生总有一天要踏上社会、面临就业、走上各级工作岗位，在军训中培养起来的这种组织纪律性和正规而紧张有序的生活作风，在学生就业及工作中也将会助他们一臂之力。

四、培养吃苦耐劳、顽强拼搏的精神

新生进入高校以后，一般都是远离家乡，寄宿学校。新生远离父母后，没有了父母贴心的呵护、照顾、鼓励和开导，每每在生活和学习中受到挫折和不顺心，就容易失落和沮丧。军训注重锻炼学生的顽强意志，在刻苦的训练中，锻炼新生的顽强意志，培养他们在越是恶劣的环境中，越是坚强的精神和性格。有了这种顽强的品格，学生在平日的生活、学习中无论遇到什么困难，都能坚强、勇敢地面对，因为这些比起军训，都是微不足道的。军训“流血流汗不流泪、掉皮掉肉不掉队”的精神和意志，必将永远激励着学子们在未来的人生旅途中不畏艰辛、勇往直前。

军训会成为大学生人生中一段宝贵的经历，会成为一种力量，一种能在困难时给予你动力的力量。通过军训，大学生们少了娇气，多了坚强；少了依赖，多了自强；少了怨天尤人，多了勇往直前；同时也懂得了自制、自爱、自尊和自强，以坚强为信念，努力成为生活的强者。

昨天，大家一齐欢笑、流泪。今天，大家一起历经风雨，经受磨炼。明天，大学生们一齐迎接绚丽的彩虹。苦，让大家一起珍惜此刻的甜；累，让大家体验到超出体力极限的快感；严，让大家更加严格要求自己。天空愈晴，星辰愈灿烂。加油吧，可爱的同学们，愿你们以一颗正能量的心去开启大学之路，相信大家会在大学遇到更好的自己，未来，一定属于你们！

【成长榜样】

艰苦奋斗，不忘初心，做新时代的追梦人

梁袁，中共预备党员，绵阳城市学院2021级互联网金融专业学生。在职业素养老师的引导下，他积极参与社会实践，曾任学院书社社长、2019级新生班导、辅导员助理以及学习委员等职务。在学院领导及老师的指导和带领下，梁袁在校期间连续三年获得“校优秀学生”称号，连续两年获得“国家励志奖学金”和“优秀学生干部”荣誉称号，并荣获“军训优秀学员”“演讲比赛二等奖”“阅读推广之星”“优秀学生干部”“优秀教学信息员”“绵阳城市学院优秀毕业生”“四川省优秀毕业生”等荣誉，多次参加各类志愿者服务活动。

“初入学校，我和其他同学一样迷惘，是学院的引领，让我有了初心；是老师的指导，让我有了梦想；是绵阳城市学院的教育，让我从懵懵懂懂的少年成为有理想有追求的青年。感谢学院的精心培育。”梁袁感慨地说。

2018年9月，梁袁怀揣着父母的殷切期望踏入了大学的校门。在入学教育期间，他认真聆听学院开展的入学系列讲座，对《职业生涯规划讲座》感受颇深，立志要规

划好大学生活，不负韶华。在学院组织的党校培训中他了解了中国共产党的先进性，决心要成为一名优秀的党员。在党课结束后，他主动向党组织递交了入党申请书，从那时起就以共产党员的要求来严格要求自己，认真学习党的理论知识，用党的知识来武装自己，从思想上与党组织保持一致，努力提升自己各方面的能力，起好先锋模范作用。2019 年 3 月，经过一学期的努力和坚持，他很荣幸地被选为入党积极分子。2020 年 6 月，他便如愿以偿地成为一名光荣的中共预备党员，从此更加严格要求自己，在思想、学习和生活的方方面面都努力做最好的自己。

梁袁说："大学就像一个社会的浓缩版，学院更是一个成长成才的好地方。在这里，我学会了如何为人处事；在这里，我学会了如何追求理想；在这里，我学会了如何实现目标。经过学院老师的指导，我逐渐脱离了刚刚入学时的侥幸无知的心理状态，知道了所有目标的实现都建立在脚踏实地、努力奋斗的基础上。千里之行，始于足下，只有从知识和能力上全面提高自己，才能在毕业后实现人生价值，才能为今后更远大目标的实现做好铺垫。"

在学习上，他刻苦努力，态度端正，讲究学习方法，注重学习效率的提升，不骄不躁，稳扎稳打，本着"一步一个脚印"的态度对待各门专业课，每天课前预习，课上认真听讲，力争做到当堂内容，当堂理解、消化、吸收，课下及时复习，不懂就问。在专业老师的带领下，他熟悉了学院的 UBL 教学理念，因此非常注重理论与实践学习的结合，从而全面提升自己的专业技能和职业素质。经过脚踏实地的努力，他的学习成绩一直保持在全系前三名。

在辅导员助理和学习委员工作上，他"想同学之所想，解同学之所难"，全心全意为同学服务，在学习上、生活上给予同学关怀与帮助，积极团结同学，开展好各项工作，做到"有困难冲在最前面"，赢得了同学的尊重。他积极配合任课老师和辅导员老师，努力做好老师和学生沟通的纽带，第一时间将同学们在生活上和学习上遇到的问题反馈给老师，并尽自己最大的努力帮助同学，让他们充分感受班级的温暖。

在担任书社社长以及新生班导期间，作为书社社长，他不定时召集社团成员开展一些读书活动，并积极协助图书馆开展各项活动，努力服务好老师们和同学们；作为新生班导，从迎新生到带领新生熟悉学校环境适应大学生活，他不仅解决新生的学习及生活问题，还积极地为新生们提供更多的帮助，让他们感受学校的温暖。

梁袁说："大学时光短暂，很幸运我遇到了好学校、好老师。在学院的教育引导下，我明白了生命不是安排，而是追求。我保持乐观向上的生活态度，积极参加各种社会活动，到校外做兼职，在减轻家庭父母经济负担的同时，增加了自己的实践经验，增强了接收信息的敏锐性和信息综合能力。我明白了要诚实守信，热心待人，保持良好的生活习惯。在老师辅导员老师和专业老师的引导下，我实现了自己做一个诚实、勤劳、热情、忠诚、有责任感的新时代青年的目标。感谢在专科期间所遇到的良师和益友，也感谢父母的支持与鼓励。非常幸运，在学院老师的鼓励和帮助下，我选择了升本并成功保本，未来，我将不忘初心，继续前行。”

“每个梦都像任意门，通往不同世界，而你的故事，需要自己勇敢去书写。”这是梁袁送给学弟学妹的话。

第四章 培养优秀的时间管理习惯

■本章导读

时间就是生命，时间就是速度，时间就是力量。很多大学生在大一时对大学有着各种各样的憧憬，但因为不懂得时间管理，每天只为眼前的事情纠结，容易受到外界的影响，慢慢地不思改变、得过且过，以至于时间匆匆而过。其实时间管理并不复杂，人生有许多纷繁复杂的事情，我们只有在分清轻重缓急的情况下，合理规划和利用时间，才能在今后的人生当中多拾西瓜，少拣芝麻。

第一节 时间都去哪儿了

“光阴似箭，日月如梭/时间如流水般飞逝而过/时间如白驹过隙……”这是否是你曾经用过的某个讲话稿的开场白呢？我们总是在感叹时间不够用，对时间流逝充满焦虑，却很少认真思考该怎么合理规划自己的时间，很少去反思我们的时间到底去哪儿了。

一个人浪费时间，从生活中的很多迹象都可以看出来，比如：

· 舒服地学习，做很多对学习没有实际作用的事情，比如在咖啡馆或者网吧学习。

· 拿焦虑当不努力的借口，每天说自己迷茫却不去行动。

· 因为无关活动而耽误上课。

· 跟风：别人兼职，你也兼职；别人谈恋爱，你也谈恋爱。

· 做什么都是三分钟热度，坚持不了却说自己做不到，永远都在为自己的懒惰找借口。

· 疯狂计划：计划大于行动。

……

可能你的身边也不乏缺这类型的人。比如，大一大二，课程表排得很满，个人时间很少，但是很多人上课也没有好好上，上课时看小说、刷微博，迷迷糊糊就过了一整天。每次到了期末慌了神，就连专业课也什么都不会，最后死记硬背一些题，基本上都是只求及格。奖学金拿不到，社团经历也很少。大一上学期，有的学生情绪饱满地加入了一个冷门的社团，在其中的一个冷门部门当了一个小干事，大一下学期觉得天天搬桌子、搬椅子、贴海报很烦很累，以学习忙为由退出了，事实上空出的时间也没有好好学习。

大学的时光说长不长，说短不短。有的人花了大量的时间学习，却没有取得很好的成绩；有的人参与了很多事，而且每件事都有不错的结果。这是为什么呢？这就是因为前者不懂得时间管理，他的很多时间都被无意义地浪费了。也有的人能意识到时间的浪费，却没有找或没有找到方法改变情况。大学里，有哪些浪费时间的行为呢？

一、经常改变目标

无论是在生活中还是在学习中，同学们都会给自己设定某些目标，例如大一开学会要求自己上课认真听讲、英语四级一定要考过等。但是随着时间的流逝，在实现目标的过程中，有的人会因为自身的某些原因（懒惰、无法集中注意力、时间不够等）或者外部环境的改变（老师要求不严格、四级考试变难了等），开始慢慢改变自己的目标，上课认真听讲变成了上课不迟到、不早退，英语四级必过变成了随缘过。经常改变目标的人，会以为自己一直在朝着目标前进，但他对每一个夭折的目标的追求过程，都是对时间的浪费。

作家刘震云在《一句顶一万句》里有句话："世界上不存在大智慧，就像世界上不存在才华这个词。存在的是琐碎，重复的事情不停地做，你就是专家，做重复的事特别专注，你就是大家，就这么简单。"

二、沉迷于社交网络

如果你在社交网络里很受欢迎，颇得好评，这并不是什么好事，因为这意味着你花太多时间在虚拟网络上。社交网络的兴起，给了每个人展示自己，分享关于自己的一切的机会。但是网络也成了大家攀比的地方，如朋友圈点赞人数、抖音粉丝数、视频内容是否有趣等，都成了大家能否成为朋友的"初印象"和"必要条件"。

在社交网络上花费太多时间，获得的虚拟的满足感，不会对我们的生活有实质的改善。在网络上找到了存在感的人，大多会沉迷于这种存在感而投入更多时间在网络上，反而忽视了现实的生活；没有找到存在感的人，有的回归现实，有的却不信邪地更加偏执地沉迷网络。不想浪费时间在网络上，最好的方法只有管住自己，减少浏览社交媒体的次数。

三、娱乐上瘾

喜欢宅在寝室的人容易娱乐上瘾，成为第一章里说的“植物人”型大学生。娱乐上瘾分为很多情况，比如追剧、打游戏、看小说等，每一种情况都能空耗大学生大量时间。

以追剧为例，对于喜欢追剧的人来说，没有什么娱乐方式比得上躺在床上边吃零食边追剧了，而比追剧更可怕的是熬夜追剧。大学晚上的时间是相对自由的，没有人督促你休息，你只需保证你不打扰寝室其他人休息，你就能在晚上看完你喜欢的电视剧，在这个过程中你或许会不断地提醒自己应该睡觉了，但是电视剧的跌宕起伏剧情总是能让你继续不停地下一集、下一集地观看。追剧看起来很放松，实则对人害处很大。因为熬夜，第二天工作学习没精神，身体机能紊乱。时间一长，免疫力下降，就容易患上疾病。到头来，时间浪费了，什么都没有剩下。

其实，想要放松调节心情，有很多种健康的方式。比如运动、阅读、听音乐等，这些方式很少会熬夜，还能让你有不错的收获。

四、沉迷应酬

大学的学习任务相比高中来说相对轻松些，课余时间和课余生活就相对多一些，很多兴趣相同的同学就走到了一起，逐渐成为朋友。一起吃吃喝喝的人从寝室、班级的同学扩大到社团、团学部门，一到节假日约自己吃饭的人越来越多。有的同学沉迷其中，为了参加所谓的饭局，牺牲了自己的其他时间，最后发现吃饭的人很多，能交心的人却很少，通讯录里的名字不是每一个他都能想起对方的长相。

要提高自己的交友圈，靠的不是多参加饭局，多吃几次饭，而是增强自己的实力，人脉的实质就是“成为有价值的人”。不要把本该用来提升自己的时间，拿去攀关系。

五、拖延

在自然界中的鸵鸟每次遇到了危险，马上就把自己的头埋在沙子里，以为这样做就不会被捕食者发现。这种自欺欺人的做法看起来很可笑，但是很多人却也和鸵鸟一样，总是喜欢欺骗自己，觉得事情能拖就拖，越是麻烦的事情，越是拖到最后一刻。可是问题并没有解决，反而因为时间紧迫，小问题逐渐变成了大问题，需要花费比之前更多的时间才能做得完。

时光易逝永不回，往事只能回味。大学阶段可以说是人生中最美好的时光，所以更要合理规划、安排时间，劳逸结合，不要把事情都拖到最后阶段。确定适合自己的节奏，拒绝成为“拖延症患者”的一员。

六、安于现状

大学里常常能看到安于现状的人。在学习上，他们相信“六十分万岁，多一分浪费”，即使羡慕名列前茅的同学拿着奖学金，真正去学习的时候依然用“我这个成绩也还行”来安慰自己，学来学去也没能提高；在社团里，他们担任着一官半职，即使羡慕他人评奖评优在老师同学面前谈笑风生，却总用“他的成功有我的付出”等话语来安慰自己，不肯思考和学习优秀的人。

在这个时代，根本就没有真正稳定的工作。稳定，不是来自外界的施舍，不是来自体制的庇护，而是来自自身的能力，把命运把握在自己手里才是稳定。

路遥在《平凡的世界》里写道：“生活不能等待别人来安排，要自己去争取和奋斗；而不论其结果是喜是悲，但可以慰藉的是，你总不枉在这世界上活了一场。”有了这样的认识，你就会珍重生活，而不会玩世不恭；同时，也会给自身注入一种强大的内在力量。

【成长警示牌】

一个可怕的陷阱——拖延症

拖延这一现象在大学生中非常普遍，具体有如下几种表现：

·完美主义者——大学里的新规则和高要求会让不少学生变成完美主义者。因为总想把论文写到最好，总想在全新的挑战中得到老师的认可，总想在同学中脱颖而出，所以他们在时间还充裕的时候反而无从下笔，觉得这样开头太过平庸，那样结尾软弱无力，却忘了时间就这么在笔尖下溜走了。

·消极怠工者——有人因为讨厌某门课或某位老师而消极怠工，抵触情绪导致拖延，最后往往是课程设置和老师的风格没法改变，而自己的学习状况却变得越来越糟。

·绝处逢生者——有人拖到最后一刻却发现潜能像火山样喷发的学生，于是惊喜、得意……觉得自己仿佛是天才。一旦感觉“上瘾”，就容易不知不觉每次都逼自己“绝处逢生”。遗憾的是，到了最后，就只有以学业上的微薄收获和个人的健康为代价了。

·意志薄弱者——有人无法抵制身边的诱惑，注意力会被任何更吸引眼球的事无情地掳去，总是先吃了、玩了、聊了、痛快了再说，等到醒悟时时间、金钱、精力都已经被浪费了。

·新手——“第一次”也是很多人拖延的原因。以前从来没有写过 20 页纸的论文，怎么知道该花多少时间呢？当时没想到应该给第一次留更多的时间，后来努力了却还是做不完，就只有再往后拖了。

来看看拖延者的情形：早上醒来，猛然发现有那么多功课落下来了，心里很自责，发誓今天晚上一定要安心学习。夜晚降临了，坐在桌前，又开始找借口（这往往是无意识的行为）：书怎么找不着了？哦，得先给阿米打个电话，说好了的。再泡杯茶，有助于提神醒脑。然后，真的借口来了：有人进来，“走嘛，陪我出去吃点东西，我请客！”“好啊，走！”

怎么解决拖延症的问题？最好的方法就是立刻开始，什么都不要管。

如果说你要看书，就马上拿书出来直接开始看，不要去搞隆重的仪式，比如换上一身干净衣服。在你准备这些仪式的过程中，很多事情都可能会导致你的注意力被分散。比如，你想换件衣服，在找衣服的过程中，你翻出了自己初中时的一本日记本；你随便打开日记本的其中一页，想起了当初还暗恋过一个扎着马尾辫的女孩，不知道她现在怎么样了；于是你打开你的手机，找到你以前的班级群，开始向各个同学打听那个女生的下落；好不容易找到和她一个班的同学，结果被那个哥们开始调侃了一番：“哟，看不出你这家伙，还有这一出啊？”于是你们开始闲聊起来。两个小时过去了，你猛地惊醒……我刚才要干什么来着？看书的事情也早已抛到了九霄云外。

这样类似这样的场景，估计同学们不会陌生。

如果你自控力差，那就什么都别想，直接开始做，这绝对是解决拖延症最好的方法了。别让拖延成为你的一种生活方式，因为拖延是一口可怕的陷阱，如果不能奋力爬出来，只会越陷越深。拖延的学生可能刚开始只是学习上拖拖拉拉，然后慢慢地干什么事都会拖，上课、开会……当越陷越深的时候，自己也会越来越感到压力大、郁闷和焦躁不安。

如果你已经成了一个拖延成性的人，那么到了大学要想青春无悔，就该痛改前非了。想彻底改变不是一件容易的事，你需要求助于学校心理辅导中心的专业教师，或者参加关于时间管理的讲座或培训，并且准备好足够长的一段时间（可能是半年、一年，甚至更长），坚持，坚持，再坚持！

在大学的第一年里，面对所有的新鲜机遇和严酷挑战，你可以把自己想象成一个攀岩者：在陡峭的岩壁上，你的腰间系着一根细细的绳子，绳子的一端牢牢地固定在山崖顶上的一块巨大的岩石下面。你紧紧抓住绳子，像只壁虎一样向上攀爬。你不会往下看，因为那样只会感到头晕眼花，你也不会仰视崖顶，因为那样会让你觉得太远而丧失信心。你只是心无旁骛地盯住最近的目标，奋力抓住上方突出的石头，一步一步地往上爬。虽然皮肤被擦伤了，脚被岩石刺得生疼，但最终，你登顶了。

明白了吗？当你想到还有那么多任务没完成的时候，就好像攀岩时往上看，只会让你在艰巨的任务面前焦躁不安、畏惧退缩。而当你想“等明天再说吧，反正有的是时间”，就如同攀岩时停下来往下看，这对你实现目标没有任何帮助。应该做的唯有专注于今天的目标，努力做好今天要做的事。抓住时间，抓住最重要的事情做，人的一生可能就不会过得太差了。

现在的你，是选择珍惜时间，还是浪费时间？

第二节　每周花 48 小时做“学生”

你现在被称为“大学生”，既然是“大”，意味着现在你要靠自己来掌握人生，创造人生，从大到小的很多事情需要自己做决定，自理、自立、自律，就跟“大人”的“大”相差无几。但定义为“学生”，那最主要的任务还是学习，并且要全方位、多方面地学习。

我们先来算笔账，青少年每天的标准睡眠是 8 小时，再加每天半个多小时的午睡，折合成每周午睡 4 小时，则一周要花 60 小时来睡觉，接近 36%的时间。但这只是作息时间严格把控、自律的人所花的时间，事实上在大学里这种人可能很少。夸张地来讲，甚至可能有一部分“睡仙”，一周要花费一半的时间睡觉，这么一想着实觉得这睡的不是觉，花的是父母大笔的血汗钱，睡的是自己一半的生命，实属不值！

一、名人如何学习

有哪些让人欲罢不能的学习方法呢？不妨了解一下几位名人的学习故事：

1. 罗斯福的专注力

第 26 任美国总统西奥多・罗斯福，在年轻的时候是一个金牌学霸。他在哈佛大学求学期间，不但学业出色，而且涉猎广泛，包括拳击、摔跤、健身、舞蹈、读诗等。他对大自然也特别着迷，喜欢解剖动植物制作标本，在大一暑假的时候就出版了一本鸟类研究的著作。为了满足这些广泛的兴趣，罗斯福不得不大大压缩用于专业学习的时间，他的传记作家推测他每天最多只有 1/4 的时间用于学习。但他的成绩并不差，而且经常获得奖学金。他的秘诀是什么呢？

传记作家用了一个很形象的词来描述罗斯福的专注程度：blistering intensity，就是在健身房健身的时候，要锻炼到把手磨出血泡那种强度才会停止。罗斯福会给自己设定一个几乎不可能完成的任务，然后用尽全力去完成。比如阅读，如果一篇文章平时需要 10 分钟读完，他就设定一个 5 分钟的定时器，尽量在不影响理解的前提下快速读完；再比如背单词，如果平时能背20个单词，他就要挑战50个。他会把设定的目标告诉别人，或者通过挑战、竞赛的方法给自己一些外部压力，来强迫自己完成目标。

这种方法一开始使用的时候可能会很吃力，但是经过不断的训练以后你会为自己的潜能感到震惊，因为人的大脑和肌肉一样，是能够通过训练得到提升的。学习的目的并不只是掌握知识而已，还应该包括有意识提高学习的能力（包括深度思考理解问题的能力）。知识本身更新换代的速度很快，但是学习研究的能力却是终身受用的。我们既要鱼，更要渔。

如果你学习的时候喜欢优哉游哉地听着音乐，隔几分钟刷刷手机，那你一定要戒掉这种习惯，开始尝试高强度的专注学习。这可能会很困难，因为互联网上碎片化的信息导致很多现代人出现了注意力缺失症（attention deficit disorder，ADD）的症状，很难长时间集中精力做一件事情，总想拿出手机刷一下微信、头条，或者打开视频网站。要达到专注学习的效果，就需要开辟“断网时间”，在学习的时间里绝不碰手机、不开网站，要抑制住心里那种痒痒的感觉，这样才能提高专注度。

2. 费曼方法

费曼是20世纪著名的理论物理学家，在研制原子弹的曼哈顿计划中担任重要角色，曾获诺贝尔物理学奖。我们很多人都是通过那本充满幽默感的自传《别闹了，费曼先生》了解到他的。除了在物理研究领域中做出巨大贡献之外，他在教学方面也有独到的见解。他提出的“4步学习”技巧是非常有效的学习方法：

（1）选择一个学习主题，开始阅读关于它的所有资料，做必要的笔记。

（2）假装你在教室里向学生解释这个主题，用尽量简单的词汇去描述它，力求学生能听懂。（听众可以是人，也可以是你的毛绒玩具。）

（3）当你讲解卡壳的时候，再回头阅读资料，弄清楚再继续讲解。

（4）回到第一步，试图用更加简洁、直白的语言去讲述概念。

我们以前也经常听到一种说法，叫作“把书读薄”。能用自己的语言，用最直白的词汇去讲述一个概念，才说明你对它的理解足够深刻。而费曼则提供了一种有效的实践方法。

如果你觉得开口讲课比较奇怪，也可以尝试写博客来把自己学到的东西讲清楚。很多工程师都频繁地写技术博客，就是因为他们发现写一篇文章可以让自己对问题有更深刻的理解。

3. 达·芬奇的笔记

说到达·芬奇，大多数人的反应都会立刻想到《蒙娜丽莎》这幅名画。但实际上，达·芬奇是一位在绘画、雕刻、医学、科学、机械等各个方面集大成的天才大师，留下了令后人惊叹的智慧宝藏与谜团。

达·芬奇取得伟大成就离不开他独特的记笔记方法。一般人记笔记大部分都是列表格式，会使用思维导图来记笔记都算比较厉害了。但是达·芬奇的笔记图文并茂，充分调动了逻辑思维和形象思维，让左右脑都活跃起来。这种理性加感性、艺术与科学融合的创造性思考方法，也许就是破解达·芬奇天才的密码。

很多人觉得自己没有绘画基础，在笔记上画图很困难。但是这个技巧不是为了让你的笔记更好看、可以给人炫耀，而是为了在学习的过程中同时启动逻辑思维和形象思维，所以画得再难看也没有关系。

二、大学生如何学习

身为学生，应该始终以学习为第一要务。大学生应该如何学习呢？

（一）想好读研还是就业

有很多新生在入校时不知道读研和就业如何选择，甚至可能根本没想过这个问题。首先要清楚自己的未来规划是什么。如果成绩不错，读研有希望，父母支持，不考虑经济负担，且又想读研，那么就应该争取读研。如果成绩一般，考研有点困难，父母支持，不考虑经济负担，本人又想读研，那也可以去拼一把，即使没有成功，也不要留下遗憾。

如果不想读研，又害怕毕业找不到好工作，那就努力学习，学好专业，大四的时候去实习为自己增加点工作经验，同时在其他时间学一学别的知识，如基本的办公软件等。

读不读研要根据自身实际情况做选择，不要随着大众的脚步。有意向读研的同学，早早就要有规划，因为争取读研消耗的精力、花费的时间都比你想象中的要多，越早开始，越有时间查漏补缺。

（二）思考自己将来是否想要从事自己所学专业的工作

如果是，那就好好学习，保持自己的成绩位于年级前列。最好能做到课后回顾整理课堂所学的知识（大部分的人做不到），其实大学想拿个好成绩不难，只要你够自律。

如果你想读研究生，那就应该对自己的要求更高一点，成绩再好一点，因为一般成绩在年级前5%的可以拿到保研的名额。如果早点有这样的意识，并一直为之努力，获得保研的概率更大。

如果不想从事自己所学的专业，到大学后发现自己根本对自己的专业不感兴趣或者是被调剂的，一般学校都有转专业的政策。你可以通过第一个学期拿到比较靠前的成绩来得到这个转专业的名额。

（三）参加学科竞赛

对于学科竞赛尤其是自己所学专业的一些全国性的比较权威性的比赛，一定要积极参与，优秀的人都是在机会来的时候能够紧紧抓住，所以前面打好专业知识的基础很重要。

譬如全国大学生互联网+比赛、全国大学生数学建模比赛、全国大学生英语竞赛、挑战杯等，含金量都很高。参加比赛要做足准备，相信自己，持之以恒，坚持到底。切忌三分钟热度和知难而退，这些行为既浪费时间，也会让你信心受挫。此外，全国大学生互联网+比赛和数学建模等比赛需要团队参与，一定要找值得信任且能力强的队友，好的队友有时能使你成功一大半。当然，我们也要努力成为别人的好队友。

参加比赛要把目光放长远，一项比赛会花费不少的时间和精力，但收获绝对是值得的。

（四）参与一些项目或者开放性实验

在大学的时候就有科研经历，甚至能发表论文或拿过专利，在保研以及找工作时都很有用。这需要参加科研项目或实验。找老师做实验要主动，主动才有结果。课余时间可以在一些网站上阅读感兴趣的学术论文，比如中国知网、维普等，要记得坚持才是胜利。

（五）必备证书

大学学习的一个必要目标是考取证书，例如英语四六级、计算机二级等，因为学校很多评奖评优都会要求四六级或其他类似证书，即使不要求，有这些条件的人在其他因素相同的情况下也会被优先考虑。类似英语四六级这样的知识类证书越早考越好，因为那时你还有高中的知识底子，且时间较为宽裕。

还有一些其他证书，比如普通话证书、教师资格证等可以根据个人需要考取。

（六）拓宽知识面

平时可以在图书馆看专业相关的书，也可以看其他方面的书拓宽知识面，把自己缺乏的人文、历史、经济等方面的知识补回来。多看一点书，你就会更优秀一点。要注意的是，拓宽知识面不是碎片化地学习，不是手机上今天一个知识点、明天一个三分钟的文章，而是要系统地学习。

（七）给自己空余的时间

大学生活，不是要你一定把时间全部用来学习，这样你只会感到枯燥无味，并且积极性大受打击。你可以参加活动、可以谈恋爱、可以学感兴趣的东西。学习不是大学生活的全部，但没有学习的大学生活绝对是名不副实的。

（八）周末尽量在早上学习

很多大学生在周末的中午至下午会玩手机、追剧或者在宿舍睡觉，晚上则外出聚会或者运动放松。因此，周末早上是学习的最好时间。早上是人的精力最旺盛的时间段，记忆力和专注度也比其他时间高很多，很适合学习或者工作。晚上则是身体放松的时候，身体经历了一天的工作，到了晚上已经很疲惫了，学习的效率不高。如果晚上学习时间太晚，精神绷得很紧张，有可能会导致失眠，影响健康。有的同学可能晚上学习效率比较好，可以自行选择适合的学习时间，但要注意合理的休息。

（九）“切换”学习环境

20 世纪 70 年代中期，美国的一个科学研究发现：“随着实验者所处的环境的改善，记忆的想起力会得到极大的改善。”这就是不断地切换学习环境带来的“记忆线索”的增加和关联带来的好处。

所以，我们可以每隔一段时间在几个不同的地点进行切换，增强知识与环境的关联，增强联想和记忆力，更好地记住知识。

（十）睡前阅读 30 分钟

睡前心静，比较适合看书，知识也比较容易理解和吸收。准备一些纸质书放在旁边，不要看太复杂的书，挑一些轻松愉悦且有价值的书。时间也不一定要 30 分钟，适合自己最好。

此外，每周可以抽一天浏览专业的新闻。如果不想下载软件，可以到相关的公众号看，了解专业的走向，清楚自己的位置。

（十一）输出倒逼输入

学习的一个好方法是将专业知识写成实用类文章，投稿到相应栏目，设定目标，咨询文章问题，反复修改逼迫自己输出；或者尝试把知识教给他人。知识输出可以稳固基础，然后倒逼输入。

不要将自己的大学生活过得很养生、很安逸，现在有多舒服，以后就有多痛苦。时代永远在进步，只有奋斗，人生才有更多可能性。学会独处，不要让别人影响到你的生活节奏。

从现在开始，每周花 48 小时做“学生”，在这 48 小时里，真正地去学习知识，学习为人处事，造就一项能立足社会的本领。

第三节　时间管理秘籍

时间管理的关键在于将时间合理地分配到需要完成的任务上，这就需要制定行动路线。制定行动路线就是把目标拆解成任务，所谓任务，也就是为了实现目标，你必须去做的一件件具体的事情。但是一个有效目标是有时间期限的，这也就意味着，你必须在一定的时间期限内完成这些任务。

当你的目标没问题、拆解的任务也没问题时，怎么把任务融进你的生活，以避免它们在时间上的冲突？

一、培养时间感知

要做到科学合理地分配时间，前提就是拥有准确的时间感知。你可能每周都要打游戏，那你知道平均每一天，你会花多长时间在游戏上吗？你可能经常看某一档综艺节目，那你知道每一期综艺节目的时长是多少吗？你可能每天都要刷抖音、逛淘宝，那你知道平均一周，你会花多长时间在网上冲浪吗？

一般人对时间的感知是非理性的，人们对时间的感知，通常取决于他们在做什么。你可能只会感觉时间在无形之间就消失了，但你并没有在意它的消失。例如：刷抖音的时候，时间就好像失去了控制，1 小时、2 小时……飞逝而过，但你感觉似乎只看了三四十分钟而已；每次回到家的时候，因为饥饿难耐，你随手将什么食物扔进微波炉加热，那 5 分钟的等待却让你感觉相当漫长。

在某些特定的环境下，我们会觉得时间过得很慢，抑或是过得很快。当我们在规划行动时，这种不准确的时间感知经常会带来麻烦。比如，你以为一期综艺节目花不了多长时间，所以准备看完节目再写作业，结果却没有一次能按时写完作业。另一种相反的情况是，为事情预留了过多的时间。比如，写周报在你印象中是一件费力的事，你总感觉不花一两个小时根本写不出来，然后你就会预留一到两个小时的时间，但实际上用不了这么久。

培养对时间的准确感知可以降低我们对某个任务所要花费时间做出误判的可能性。因为在制作行动计划的过程中，误判越多，整个计划崩盘的可能性越大。

培养时间感知能力有很多方法，最好的方法是带一块秒表在身边，它会时刻在提醒你：时间飞逝。此外，设置闹钟也是一个好方法，在工作时间，每过一小时，闹钟就响一次，提醒你时间过去了多少。无论哪一种方法，最重要的都是坚持。

二、记录时间日志

时间日志不是很高级的东西，而是对生活的简单但详细的记录，俗称“流水账”。记录的基本内容是：过去 24 小时，你做了哪些事情、每件事情花了多长时间。时间日志可以用笔记本记录，也可以用手机便签、App 等记录。

记时间日志有两个原则：一是全面，二是如实。

全面原则是指当天发生过的所有事情，不管重要的还是不重要的，不管花时间长的还是短的，都要记录下来。有的人可能会质疑：“我把吃饭睡觉这样的事都记下来，是不是太琐碎了？”但其实，吃饭睡觉是每个人每天必须腾出时间来做的事情，是“生活必要项”，而记录时间日志的主要目的，就是让你看清楚自己每天在生活必要项上花费了多少时间。一天只有 24 小时，只有知道自己在生活上花掉了多少时间，才能够清楚还剩下多少时间能用于工作与学习。

如实原则是指不管做的事情是否有意义，不管完成时间是否合理，都要按照实际情况记录在时间日志上。有的人做事比较拖拉，每次看到时间日志上白纸黑字的记录，都会感到愧疚、不好意思，最后索性造假。明明一件事花了 1 小时，他却只记录 40 分钟，这样的时间日志有什么意义呢？时间日志不是为了好看，不是面子工程，它是记给你自己看的。只有如实记录，你的时间日志才有意义。

下面是一些大学生在管理时间方面的切身体会，希望能对你有所启发。

时光已逝永不回，往事只能回味。大学阶段可以说是人生中最美好的时光，所以更要合理规划、安排时间，劳逸结合，制定属于自己的学习清单，不要随波逐流，小心甲之蜜糖，乙之砒霜。

——金融专业毕业生　王宏璐

身为一名大三的学姐，每次在校园里看到一群新生青春洋溢的笑脸时，都不禁要感慨时光飞逝，三年也只是在眨眼间。回顾这三年的大学生活，有遗憾有满足，我收获了友情，学会了成长。未来在向我招手，但无论理想多美好，践行是必不可少的，甚至是决定性的。大学时光，且珍惜。

等到了大三大四，你就会真切地明白：时光如白驹过隙。至于如何珍惜，那就是认真过好每一天。认真地对待每一个人，认真地对待每一件事，认真参加值得参加的每一次聚会。最重要的是，认真上好每一堂课。

时间对每个人都是公平的，每一个不曾起舞的日子都是对生命的辜负，莫到毕业时，才叹时光虚度。

——电子信息专业大三学生　杨茜文

仿佛昨日刚被招录，如梦初醒但却即将毕业；想要回去再睡一会儿，但时间推搡着我走向社会。临行前我问时间帮我的行囊装了什么，时间说除了衣服别无他物。

——计算机专业大三学生　张佳鑫

时间终究会“成就”所有人，时间终究不会等待任何人，愿你在这场与自己的博弈里得胜。

——计算机专业大三学生　戚淑云

今日事今日毕，一定不要患上拖延症。当学习委员催交作业、部门催交工作时，你会后悔之前为什么不把玩耍的时间拿来学习做有价值的事情。大学是拼搏、奋斗的时间段，一定把握好自己的人生。

三、调整时间日志

一般来说，坚持记录时间日志一周，就能对生活必要项所花时间做到心里有数。那么接下来的问题是：当剔除生活必要项之后，发现剩下的时间根本不够完成任务怎么办？

这时就需要调整时间日志，找出哪些生活必要项所花时间可以压缩，以及能压缩多少时间。例如，你每天要花 3 个小时左右的时间刷抖音、看电影或者看综艺，几乎占了你醒着的所有时间的 20%。当从时间日志上发现这个事实时，你会意识到，如果你将花费在网络上的时间减少一半，那么用来做其他事情的时间每周就会多出约 10 个小时。

压缩生活必要项的时间也需要把握一个度，比如娱乐、约会，甚至发呆冥想，都可能是你不能略过的事情，如果把这些事情都省去了，那么生活也会变得了无生趣。而在了无生趣的生活氛围之下，你的任务计划也注定维持不了多久。

最后，当你的目标没问题、拆解任务也没问题之后，你就可以制作任务规划和行动路线了，并且需要把任务融入你的生活中。

我们在分配自己的时间时，也需要注意以下几点：

（1）时间规划切不可定太细。因为实际进度比较难把控，太细的规划容易造成一件事情还没做完，另一件事情又需要开始做了。

（2）清楚做每一件事情的目的。例如社交就是一件目的性很强的事情，寒暄一下，聊聊其他的事情很正常，但是必须记得聊天的时候需要打听的信息或者提出你的要求。

（3）学会提高其他日常事项的效率。很多人的大部分时间，其实都是花在了日常事项之中。大学时间是宝贵的，大学生要学会衡量性价比，把时间花在刀刃上。

（4）重在执行。不管多么完美的时间规划和行动路线，没有执行就是空谈。大学生要学会脚踏实地，用实际行动培养自己的时间管理能力。

【拓展资料】

时间管理的8大高招

史蒂夫·帕夫林纳是Dexterity软件公司的创始人，他的个人发展博客位居世界500强博客行列。史蒂夫上大学的时候，顺利地在三个学期内修完了四年的课程，并以GPA（平均成绩分数）3.9分的优异成绩毕业。他在自己的博客上介绍了自己使用过的时间管理方法，每种都非常实用。

1. 简单的事可以同时做

我每天用电动剃须刀刮脸，会在这两三分钟里读点东西。这样，我每周可以多看两篇文章，一年就多出100篇。

这个习惯很容易养成，只要选几本杂志，或者打印一些平时没时间去读的文章，把它们放在宿舍里就行了。你会惊讶于自己在做这些不费脑子的事情的同时，又学到了多少知识。

2. 强度大的事情一次只能做一件

如果需要花费10小时写一个报告，我就立即动手开始做。我经常在周末做这些耗时的工作。早上去图书馆查找相关的资料，然后回到宿舍继续工作，一直到最后报告打印完成。这为我节约了大量的时间。它让我集中精力于每件事情，并且在工作的时候保持高效。

在不同任务之间相互切换会耗费大量的时间，因为每次你都必须花时间重新适应一次。

3. 尽量保持自己的专注状态

每当你希望专注于一项工作时，需要花费15分钟的时间进入状态。当被打扰之后，又要花费15分钟才能重新进入状态。所以，一旦你进入了状态就一定要保持住，避免受到干扰。

4. 保持激情

在大学里，我不能失去激情。我一直把随身听带在身边，当我从一间教室走向下一间的时候，我就听那些时间管理和自我激励的磁带。早晨慢跑的时候我也听。我几乎时时刻刻都在保持我的激情。这些磁带对我影响很大，它们让我一直拥有着积极的状态。

5. 每天保证至少30分钟的锻炼时间

经常进行体育锻炼对于保持足够的精力和清醒的头脑非常重要。在大学里，我每天早饭前都要跑步30分钟。每天坚持使我的身体处于良好状态，并保持着正常的体重。而且，我每天去上课时都需要穿过校园走一段时间，身上背着一个装满了课本的书包，这也不失为一种锻炼。

6. 每周用一天时间放松自己

大学里，我尽量在每周安排一天放松自己。做运动、参加聚会和社团活动、参加舞会、打游戏、打台球等，在最后一学期还去了拉斯维加斯旅游。在某一方面过分专注而以其他生活为代价，从长远来看是有害的。我们需要维持各个方面的平衡。

7. 不要吃太多肉类

肉类制品比蔬菜谷类需要更多时间和能量来消化，当你摄入的食物要用特别的能量来进行消化时，这意味着用于脑力劳动的能量就会减少。消化肉类的时候，你的工作效率会降低，也更容易分散精力。

8. 不断尝试，找到你自己的时间管理技巧

也许你能发现适合自己的时间管理妙招。我在学习的同时听音乐。我发现古典音乐——特别是莫扎特，对网络编程效果不佳。但是对于大多数日常事务，比如上网搜寻资料，听一些快节奏的音乐，就可以让我的速度更快些。不知道为什么，当我听快节奏音乐学习的时候，效率是不听音乐时的两倍。

不过，听有歌词的音乐就不行，因为它会让我分心。如果想要精力高度集中，我就根本不听音乐。你自己试一试，看看什么样的音乐对你有帮助。

【成长榜样】

笃行以致远，天道必酬勤

书山有路勤为径，学海无涯苦作舟。三年来，学校的精心栽培和老师们孜孜不倦的教导，将向晓凤这块璞玉打磨得异常明亮。

甜甜的笑容、洒脱的性格是向晓凤给老师和同学们留下的最深印象。在提到自己的大学经历时，她并没有一味细数曾经所获得的种种荣誉，而是大方地分享曾经历的坎坷与挫折：“高考失利，初入大学的我没有奋斗的方向，在职业素养老师的引导下我树立了自己的理想，点燃了学习的渴望。浴室滑倒导致脚伤，在辅导员老师和同班同学的鼓励下，我坚持做康复训练，很快就康复了。实践期间学习吃力，专业老师采取UBL（Ultrawise Blended Link）的教学方式让我在‘学中做’‘做中学’，终于在web前端方面入了门。实习的时候，我跟不上企业的步伐，几次想要放弃，在老师和同学的鼓励下，我鼓起勇气努力学习，常常深夜敲代码。”

面对失败，向晓凤不会哭，她常用的调节方式是去操场跑步，跑到实在累了就坐在草地上一边看着天空，一边想反思自己，寻找问题的突破口。实在想不通的时候，她也会向家人、老师和同学倾诉，听他们的意见。

谈及自己的大学生活，向晓凤坦言自己也像很多同学一样，经历过迷茫阵痛期，从大一的迷茫到优秀web前端工程师，向晓凤将自己的成功归结于良好的学习习惯和学院的有效栽培。“任课老师教会我将做笔记作为一种习惯，辅导员老师教导我大学里要学会自学。我本身没有‘程序媛’的天赋，但为了‘程序媛’的理想，我将自学和做笔记的习惯坚持到底，最终成就了更好的自己。”她用切身经历讲到拥有良好的学习

习惯对于个人发展十分重要。

在校期间，她坚持参加各项活动，在各级各类活动中均有获奖；她热衷公益，被评选为“优秀青年志愿者”；她红心向党，于2019年光荣地成为一名“入党积极分子”；她坚持学习，自学了Ae、Pr和Ps相关知识，努力提升自己的各方面技能；她乐于实践，在学院组织的UBL拓展实训中表现良好，获得了小程序/RBAC系统二等奖。

她不忘本心，努力奋斗。“我觉得女子不必不如男，天道必酬勤。”向晓凤说。在校期间，她自学参加了足球比赛，配合团队成员获得了院级赛第一名；她在物理老师的鼓励下，组建女生团队，圆满完成了实验任务；她在专业老师的指导下，像男生一样敲好代码。她不忘本心，乐于奉献。“在学院职业规划老师的指导下，我认识到学习固然重要，但学会做人更为重要。”她时刻以好人的标准来要求自己，努力做好同学们和老师之间沟通的桥梁，努力用志愿者的身份帮助更多的人。她不忘本心，坚持理想。当有的人为了电脑游戏不分昼夜时，她依然坚持自己的道路，没日没夜地敲代码，她坚守自己的价值观，为了自己的青春与理想而奋斗。

第五章 考试、学分都用心

■本章导读

我们已经学习了在大学如何进行时间管理和有效地学习知识，现在到了检验学习成果的时候了。大学的学习和高中一样也有考试，大学的考试有什么不同呢？大学毕业后或工作或升学，成绩对它们有什么影响吗？大学是不是真的及格就好？听说大学考试很难，有没有什么好的方法应对？别着急，让我们走进本章的学习内容，探索一下大学考试的奥秘。

第一节　大学考试的特点

一、大学考试与高中考试的区别

很多刚上大学的同学都会带着对高中考试的认知来对待大学的考试，但事实是大学考试和高中考试有着天壤之别。天壤之别体现在哪里？

（1）高中考试一板一眼，一定会有标准答案，而大学考试更像是写作文，答案就是基础理论加阐述理解。

（2）高中考试是集中到一两天考完，而大学考试会有考试周，并且有的科目会提前结课并考试。

（3）高中考试的最终成绩就是你自己卷面分的成绩，而大学的最终成绩是你的平时成绩和期末考试成绩折合而算，比例根据科目情况而定，有的科目是5∶5，有的是

4：6，更有 3：7 的科目。

（4）高中的考试简单而全面，大学的考试更专一化、专业化。以物理为例，物理涉及电学，相关的课程包含了电路分析、模拟电路分析、数字电路分析等有关于电路的理论及实验课程。同时作为辅助，数学方面还需要学习高等数学、线性代数、概率分析等课程。因此大学的课程和考试相较于高中更加的专一化、专业化，对学习能力的要求也更高。

二、大学考试的特点

1. 同课不同方式

由于专业和任教老师的不同，同一个课程考试题型和风格都会有很大的差别，考试的方式也多种多样。有的老师会在考试周进行闭卷考试，有的老师会在课程结束之后组织进行开卷考试，还有的老师会安排进行口试或用一篇论文作业代替考试，理工科的一些实验课程则一般会在最后一堂课安排一个项目作业让学生完成，以此来对学生的学科知识能力进行考察。

2. 标准化考试时间

大学考试一般有 2 个小时的答卷时间，但有的考试其实用 40 分钟就可以做完，也有些考试让人从头到尾奋笔疾书还担心时间不够。

3. 主客观结合，重视基础

虽然大学的考试各有千秋，但是万变不离其宗，每次考试都离不开课堂讲授的重点、一些前沿进展或较深的理解，以及个人自身的引申运用等方面。所以平时需要记录下上课的重点难点，学会联系各个知识点，对课程内容有自己的思考和理解，这样考试就难不倒你。

大学的考试安排通常会在考试前的一个月左右在各专业公布，公布内容包括考试科目、考试时间、考试地点等。

第二节　大学考试分数意味着什么

小时候，只要你乖乖听话，爸爸妈妈就会笑着拍拍你的脑袋，从口袋里拿出一把亮晶晶的糖果。

上小学后，老师会在 100 分的下面盖上一个笑脸的印章，为了得到这个印章，你只需要每天少玩耍半个小时。

再大一点，到了中学，笑脸印章变成了成绩排名，你突然发现，乖乖听话和少玩要半个小时，已经不能让排名排在前方。

不知道什么时候开始，我们学会在设定期望的时候就在内心默默做好实现不了的打算。开始时我们把期望定得很高，然后到达了一个低一点的地方。这高与低之间的区域就是舒适区，我们在这里得以片刻喘息和舒适。随后我们把期望定得越来越低，所能抵达的地方也越来越低，舒适区也越来越小。

在大学里很多人都有一个舒适圈，他们给自己筑起安全感的城墙：“是不是成绩没那么重要呀？”“是不是社团、比赛、各种活动都是在浪费时间，其实根本没有用”“努力了也不一定可以”……也许，在思考这类问题的时候，我们可以问问自己，会不会是保持舒适的心理在误导我们。如果你确定这个答案，你会把更多的时间放在别的什么地方。在回答自己这种问题的时候，不是每个人都能在一开始就确定什么才是最值得的、最应该做的。有时纵使确定了之后，也会游离和迷茫。但是我们可以先尽量去做那些看起来不错的事情，很可能在不远的将来，这些事情会让你拥有更多选择的权利。

一、大学成绩的重要性

“高中阶段努力上个好大学，到了大学就可以好好放松啦!”很多同学被这句话“哄骗”过。“成绩并没有什么用处，只要及格就好了”可能是大多数人对大学生活的真实感受，但也是大学最大的谎言。

诚然，现如今“学习无用论”甚嚣尘上，出现了“成绩不代表一切”“低分高能”等说法。但大多数人只是以此为借口逃避学习，逃避自己的目标和责任，给自己一个心安理得的理由去娱乐、玩耍。

学习和成绩是关乎自身的大事，作为新时代的大学生，不应该听信流传的谎言，而应该用实事求是的态度理性分析成绩对自身的作用。你会发现，大学成绩很重要，比你想象中的还重要。

1. 成绩是评选的参考标准

大学考试，一学期通常仅有一个期末考试，而且一般都比较简单。由于只有一个考试，当要评选奖学金、评选三好学生的时候，评选各种需要以成绩为参考标准的奖项的时候，能拿出手的也只有成绩。大学里有很多组织也有很多活动，你可以选择一条你喜欢的路，要么多参加活动，要么参加一个优秀的组织，都可以锻炼你的人际交往和思维方式，以后面试的时候不会很紧张，只要你在学校够活跃，成绩够好，评优评先自然而然会有你的，不用争不用抢，就会属于你。

2. 成绩影响升学读研

成绩对保研的重要性不言而喻，对考研的同学也同样重要。考研一般分为初试与复试。初试考试科目一般包括英语、政治、数学与专业课，大学期间的成绩可能对初试成绩影响不大。然而考研的复试除了需要考专业课之外，还要进行面试。面试在复试中所占的比重是比较大的。为了确保整个面试环节公正公开，复试过程都进行全程录像，且对复试成绩的打分项划分得很细。它会在一定程度上参考大学专业课的成绩，也会根据成绩单上所学科目对专业课进行提问，回答不好这一项的成绩也低。对考研的同学来说，决定你是否被录取不仅要看你的初试成绩，而是要看初试成绩和复试成绩的综合成绩；不是你初试成绩高，就一定能够录取的，初试成绩高，被淘汰的并不鲜见。

3. 成绩影响就业

你可能说，我不想继续读研，直接找工作不就行了吗？反正工作看的是能力。但是当你没有一个非常出众的核心竞争力时，成绩至少可以证明你的个人学习能力很强，能够合理分配时间。而且你刚进公司，你说你“态度端正、学习能力强、具有主动学习精神”，HR 并不一定相信。第一次见你，怎么判断你态度是否端正、学习能力是否强、是否具有主动学习精神？答案非常简单，看成绩单。一个连自己学业都没搞好的人，怎么可能态度端正、学习能力强、具有主动学习精神？因此那些绩点过低的成绩单，在筛选简历的时候就会惨遭淘汰。如果你大学成绩都不高，怎么让公司相信你的能力呢？所以一份好的大学成绩单，在很多时候，能够证明你的个人能力，可以在你进入公司时提供一些助力。

不管你以后想去民营企业、国有企业或者考公务员，成绩都非常重要，这是你大学生活的一个体现。一个成绩好的人一般自律性比较强。如果你毕业后要做专业对应的工作，学习成绩就更加重要，因为这体现的是你专业技能和理论是否扎实。如果你打算考公务员，大学养成一个学习的好习惯，对考公务员准备的学习会起到很好的作用。面临应届大学生人数不断增加、就业岗位却难以匹配的状况，成绩作为一个如此好用的评判标准，为什么 HR 不用呢？成绩很好地体现个人的学习、自律等方面的能力和习惯，这何尝不是工作中非常需要的品质？尤其是在竞争激烈的岗位更是如此，成绩很可能会在卡在简历一关。所以，学习成绩非常重要。

4. 成绩影响创业

可能你还会说，找工作需要成绩，那我可以创业啊，自己创业总该可以自己做主了吧？答案依旧是否定的。没有知识的输入，你和普通职员在眼界上没有什么区别。你能想到的东西，别人可能比你想的还多，毕竟人家有丰富的从业经验和远超你的阅历。没有能证明你能力的成绩单，顾客和投资人不会轻易相信你可以做出来独特、有价值的东西，你也就别想让他们消费和投资。作为大学生创业者，好成绩能告诉你的伙伴：这个人时间管理能力、统筹能力很强。因为你兼顾了两件事，还都做得不赖，自然会让人觉得安稳踏实。

5. 成绩影响你的交际圈

优秀的人周围也环绕着一群优秀的人。你可能会疑惑：这到底是他的优秀影响了身边人，还是身边人的优秀影响了他呢？

曾经有过“高校学霸宿舍”这样的一个微博热搜：一个寝室的 4 个人，都考上了研究生。有人问学霸宿舍的秘诀何在，其中一位说：“当你看到周围的人都在奋力拼搏时，你自然就不敢懈怠了。”每个人都习惯和自己价值观相似的人相处，避开让自己觉得不舒服的人群。和优秀的人在一起就是这样，他们能够激励你变得更好。拥有一个好成绩，进入一个好的学习环境，你会自然而然地融入一个优秀上进的圈子，你会自然而然地会融入一个优秀上进的圈子，和他们待在一起，所带来的效果绝不仅仅只是一加一等于二这么简单。优秀的人彼此之间相互监督、相互鼓励，会形成一个良好的竞争。

6. 成绩影响学习的积极性

大学大学，一个“学”字言简意赅地表达了我们大学生在这一阶段的主要任务仍然是学习。为了好成绩而学习，至少能保证你的青春不迷茫。如果将学生看作一种没有收入的职业，那上课、考试就是它的日常工作内容。一份好的课程成绩单也是自己对这份职业、这种身份的无声尊重。

有调查显示，越是成绩好的人，越倾向于在学习上投资。这一现象看似违背常理，却又容易理解。那些成绩好的人想要保持自己的好成绩，他们乐于花费更多时间和精力在学习上。

学习可以使我们突破现在的思想约束，看到别人看不到的风景，开拓眼界和格局。反之，成绩稍差的人就容易得过且过，觉得再怎么学习也无济于事，渐渐地丧失汲取知识的热情，也错过了学习最好的时间。

7. 好的成绩是优秀的子集

其实，对于成绩重不重要的发问，归根结底是对“什么是优秀”这一问题的答案迷惑不清。等同于问“成绩好是否意味着优秀”这样的问题。

在大学这样一个自由包容的环境里，称得上优秀的人成绩不一定好，但环顾周围的同学，你会发现，最优秀的人往往也是成绩最好的人。他们可能活跃在各大社团，拥有广泛的人际关系；可能一身特长羡煞旁人；可能处事沉稳靠得住；也可能实习兼职创业成果斐然，然而他们从未将考试成绩落下。在大学，学习不是唯一的事，却是最基本的事，你可以去发展自己其他方面的能力，拓展自己的活动领域，但那不是将学习弃之不顾的理由。优秀是一种习惯。学习都征服不了，何谈其他？很多人在学习以外做了很多更有意义的事，但这与取得好成绩并不矛盾。那些说“六十分万岁，多一分浪费，保证在不挂科的情况下，去学习自己喜欢的东西”的同学，其实只是在逃避。

同学们，成绩虽然不是唯一，但真的很重要！成绩，就是你投资大学的最直接的回报，别为自己的偷懒去找借口，努力学习，惜取少年时。

二、挂科的后果

大学的成绩一般会分为考勤和卷面两个方面。

成绩不及格，即挂科，需要补考；补考再不过，需要根据学分交重修费进行重修。所以重修不仅会占用你后面学期的时间，还会花费你的金钱。

重修一般分两种。一种是新开班，由挂科相同课程的人一起重新学，然后考试通过才行，如果没有通过，则需要交钱再次重修。另外一种是跟班重修，比如跟下一届的学弟学妹们的新开课一起重修，不仅尴尬，而且时间上可能会跟你现有的课程冲突，造成不必要的麻烦。

很多大学生一进大学就会听到有人说不挂科的大学是不完整的。这实在是不可理喻，“挂科”什么时候变成一个褒义词了？可能有人听了会轻视学业，尽情玩耍。但是，可曾想过挂科会对你的大学生活造成哪些始料未及的影响吗？

1. 削减你努力的价值

只要挂过科，不管补考的分有多高，也不会抹掉挂科的事实。因为之前挂过科，现在的努力的价值也大打折扣了。你也许会想如果之前能有现在一半的努力，这些课怎么也能拿个 80 分。于是，你很容易陷入了自责的深渊，无法自拔，总是很懊恼地逼问自己：“我为什么一开始不认真复习？”当你真正挂科之后，才会发现挂科之后的大学生活才不完整。

2. 补考与重修

挂科意味着面临补考。补考没有平时分，如果补考没过，接下来就是枯燥且打击自尊心的重修，这意味着你在下一年要在同学们没有课上的晚上、周末去上重修课。在补考、重修中度过周末和闲暇，这样的大学生活不是完整的。

3. 无法评奖评优与保研

奖学金、助学金、保研、出国留学等的评估，成绩排名是首要评估条件，一旦挂科很可能与这些都失之交臂。有些学校规定，只要有挂科情况，就算其他方面优秀，也会取消保研资格，即使补考、重修过了也不算。

4. 影响毕业

挂科最严重的影响是大学生没有学位证、毕业证。学校要求具有正式学籍并在学校规定的修业年限内的学生德、体合格，修读完专业培养方案规定的全部课程，并取得相应的最低毕业学分。只有达到了相应的学分才能拿到学位证并顺利毕业。如果我们挂科了，有可能会没有这一科的学分，那我们将面临不能毕业的危机。不能毕业的大学更不是完整的。

所以，不要有不挂科大学就不完整那种错误的想法，因为一旦你挂科了，那么以后不论做什么都会受到限制。大学可以是一个大家交朋友的场所，但是大学又何尝不是大家为了自己的未来努力的平台呢？千万不要因为别人的话而随波逐流。要知道，这个世界上，优秀的人都是在悄悄地努力、悄悄地拔尖，而不是整天浑浑噩噩以为这就是人生。别满足于现状，别听信别人的话，挂科意味着一个假期的忐忐忑忑和每次开学的压力山大。

冥冥中自有天意，越努力的人越幸运。没有认真学习的人，都会在以后付出百倍的努力才能够换取和别人同等优势，而在你努力的同时别人又已经走了好远好远，你后来的努力远不及处在当下来的可贵、来得珍惜。现在，你不努力让自己过上想要的生活，那你以后，就会用大把的时间去应付自己不想要的生活。天道酬勤，你的每一份努力，每一份付出都会在最恰当的时候，给予你回报。想要一个完整的大学生活，就不要挂科。在大学中也许我们会在迷茫中缺失方向感，不要害怕，去尝试新鲜事物，最终你会找到你所热爱的。

命运有时候会辜负努力的人，可是它绝对不会辜负一直努力的人。所以，上大学，别放飞，好好学习，不挂科，才是王道。

第三节　大学考试“百宝箱”

大学考试对于很多大学生来说，都是一段难熬的时间。一方面，大学的学习相对高中有了本质的变化，每一个课程的学习时间往往只有一学期，而且更多地需要学生自学，从高中高压学习模式下解放出来的大学生很难继续专注地自主学习；另一方面，大学考试的成绩要求虽不高，但却与评奖评优、毕业、升学、留学都有着密切联系，无形中使得大学生的心理压力增大。

所以在大学考试期间，我们经常能看到这些情形：全寝室挑灯夜战，复习到天明；清晨天没亮，小树林已经有很多同学在摇头晃脑地背单词；明明很早到图书馆，却发现早已没了位置。

大学考试，学习和复习的策略和方法非常重要，往往决定了事半功倍还是事倍功半，但更重要的是用成熟的、理性的思维来看待和应对。

一、正确看待大学考试

1. 大学考试要认真对待

大学是很多人一生中最后的学习阶段，这个阶段学到的知识很可能是今后一生中都受用的，而考试就是对学习成果的检验，是查漏补缺的机会。因此，认真对待大学考试，不要辜负大学时光，不要浪费最后的学习机会。

大学也是大学生从校园走向社会的最重要的转折点。大学结束后大学生会有很多道路可以选择，譬如升学、留学、就业、创业等。在决定是否有这些选择机会的因素中，成绩几乎是最重要的因素。而且大学成绩采取“一票否决制”，只要有一次不及格，很多机会都将没有办法再挽回。因此，认真对待大学考试，是对自己的人生负责的态度。

2. 大学考试是对自己真实水平的反映

在一般同学心里，作业和考试的“比重”是不同的。做作业轻轻松松，没有压力，而考试时如临大敌，感到紧张恐惧。实际上，作业和考试并没有什么本质区别，都是为了检查掌握知识的情况。所不同的是，作业可以讨论，没有严格的时间限制，而考试要求在限定时间内独立完成，仅此而已。

我们可以暗示自己：“考试不过是对我真实水平的检验，如果我都掌握了，任它怎么考，又何惧之有？如果我没有掌握，害怕又有什么用？”这样一想，就能起到镇定的作用。

3. 大学考试也要追求高分

大学里很多人尽管不相信“不挂科的大学是不完整的”这样的话，也能认识到成绩的重要性，但依然采取“六十分万岁，多一分浪费”的态度。这样的结果是什么呢？一方面，把期望放在六十分，行动时就很难努力去达到更高的分数，甚至可能出现低于六十分的不及格情况；另一方面，六十分带来的也不是万岁，而是学习和精神上的堕落。我们考入大学，学习知识，增长见闻，一切努力都是为了未来更好地生活，为了实现理想与抱负。所以，不要相信“六十分万岁，多一分浪费”的话。大学考试，我们也要追求高分满分，未来才能更加宽广。

二、大学考试复习秘诀

1. 复习时间、精力的规划

大学考试有两个时间概念：考试月和考试周。考试月是学期的最后一个月，一般来说这个月就应该开始期末复习了，很多老师也会尽量在这个月之前将课程上完，最后这个月就留给同学们复习或完成充当考试的大作业。考试周是学期最后 1~2 周，全校的考试会由教务处安排到两周内。

教务处在安排考试时会尽量让学生们的考试不会太密集，但有时实在避免不了，也会出现多门考试在两三天内连续考的情况。不管是不是这样，我们都要做好时间、精力的规划，保证每一门学科都有足够的时间复习，还要保证某个科目的复习时间不能离考试时间太远，避免出现复习好了到考试又忘记了的情况。

2. 单个学科复习流程

第一步，通读教材、课件，宏观上把握课程的结构，清楚课程内容以及各章节之间的关系，形成对该课程的系统认识。如果自己不会总结或整体观稍弱，可以先阅读前言和目录，再根据自己的理解修改目录的知识结构。这个环节不要耗费太多时间。

第二步，了解考试重点。一般来说，试卷上 80%以上分值的题目都出自重点内容。重点来源于这样一些途径：

（1）老师。最后几节课，要留意老师讲的每一条信息，老师不会说废话。

（2）学过该课程的学长学姐。学长学姐提供的重点不一定很全面，但是能让他们考过后依然“刻骨铭心”的知识点，要么是很重要的，要么是很容易出错的，都值得重点复习。

（3）平时作业。平时作业关注得最多的内容，联系第一步的通读教材的情况，看不同知识块面的关系，也能大致区分重点。

（4）同学。不同的人对同一课程的理解不一样，向其他同学尤其是平时在课堂上认真听讲的同学请教，也能相互补充课程重点，进而复习得更加全面。“独学而无友，则孤陋而寡闻。”

第三步，复习加做题。静下心来好好复习，其他事情暂时放放，分清轻重缓急，这是一项必备的能力。一定要规划时间，列一张清单，知道什么时候看什么。不要进度太慢或纠结于前面某个知识点，导致后面来不及。

第四步，最后的冲刺。复习到一定程度要多交流，如缠着老师答疑、和同学探讨、向学霸请教、给同学讲题等，这个时候千万不要一个人战斗。很多老师都很负责，总是预留时间答疑。务必多去听听，即使自己提不出问题，听听别人的提问和解答也很有收获。

第五步，预测题目。大学对课程往年的试题原则上是保密的，但老师会告诉你考试的题型和分值分布，这时可以预测一下老师会怎么考，怎么出题（想象你就是老师，用老师的角度来思考问题）。这种预测不需要多准确，目的只是在于做好心理准备，建立起自己对各种题型的解决预案，做到心里有数，冷静应考。

3. 科目复习要点

（1）理工科目。

理工科目如高等数学、大学物理等理工科目的考试，其复习的关键在于原理和练题。原理是指公理、定理、公式等最基础的东西，需要背诵或熟练掌握使用方法。练题顾名思义，就是不断地做题。理工科只看题不做题是学不会的，一定要动手做，一遍做不会做两遍，两遍不会做三遍，直到可以独立解决并完整写出答案为止。

（2）马克思主义基本原理概论、中国近代史纲要类。

这些思政类课程的期末考试有的是大作业，有的是闭卷考试。

如果是大作业，认真和用心是获得高分的核心。一是要注意作品除了要符合作业要求，还要尽可能贴近课程重点；二是要在完成作品的关键节点上请教老师，比如确定作品题目、选择样本和数据、早点完成作品后提前交给老师征求修改意见。这样只要你的作品不是烂作品，一般都能得到高分，因为这个作品的完成有老师的参与。

如果是闭卷考试，则以简答题和论述题为主。这些题目没有标准答案，从哪些角度去分析、话怎么说，这些才是制胜关键。在作答的时候要注意字数、字迹和分点作答。这类试题的答卷往往写得很满，老师阅卷时就会对字迹工整清晰的答卷更满意。分点作答是指将答案分成 1、2、3 或者个人层面、社会层面、价值层面等。分点不仅是取得高分的技巧，对思维方式也有很大帮助。

三、心理状态的调整

很多同学在大学考试期间容易不在状态，具体表现大致有三种：

第一种是对自己的准备程度心里没底。具体表现为：脑袋一会觉得很满，一会觉得很空，拿起资料看看觉得似曾相识，想想可能考到的题目又觉得没有十足把握。

第二种是患得患失，想赢怕输。具体表现是：忽而像是打了鸡血一样盼望着从此人生转变，忽而担心一败涂地前途暗淡，心态在天堂和地狱之间来回摇摆。

第三种是产生厌倦感。具体表现为：明明知道这场考试很重要，但却觉得身心俱疲，书也看不进，提起笔来却一个字也不想写。

我们应如何调整呢？

1. 适度休息，养精蓄锐

造成考生对考试紧张恐惧的原因除了心理因素外，还与参考者的体质有关。考试前过分紧张地复习，大量做题、背诵、熬夜，难免造成脑力和体力极度疲劳，引发各种病症，如神经衰弱、头昏、失眠、疲倦、乏力、胃疼等。这些病症都可能加剧对考试的紧张恐惧，削弱考生对考试的信心，导致其拿到考卷之后，头昏眼花、心跳加快、手足发颤、出冷汗甚至昏厥。要避免这种情况，一定要注意考试之前的养精蓄锐，临考之前几天中的复习不可过度疲劳，每天保证一个小时的体育活动，八个小时的睡眠，同时要加强营养，使自己精力充沛、精神振奋地投入考试。

克服紧张恐惧心理，除了采用上述方法外，平时还可以进行一些调节大脑功能的训练，如静坐放松、提神。

2. 自我鼓励，消除恐惧

信心和勇气有着令人惊异的力量。同样一个人，缺乏信心还是充满信心，其表现和结果是大不相同的。考前心理对考试的影响也与此相似。心理学研究表明，一旦人的脑海里充满这种恐惧不安的阴影，头脑的功能自然就会陷于混乱，无法对事物做出客观的正确判断。所以考试之前，要多想有把握考好的条件，坚信自己平时学得扎实，复习方法对头，一定能考好。这样就可以使大脑在考试中呈现良好的状态，有利于脑力的良好发挥。

3. 保持冷静，避免极化

保持冷静是考试中保证发挥良好的关键，也是保证复习质量的关键。患得患失只会让时间在无效复习中不知不觉地溜走，最后患得患失成了真正的“失”。保持冷静还体现在考完一科后的脱离，不让考完了的科目的考试情况影响后面的考试。即使到了最后一科也不能放松，冷静备考，坚持考完。

4. 求助师长，倾诉朋友

大学考试中不在状态是很常见的事，如果不能自行疏导，也可以求助师长和倾诉朋友。可以向辅导员或学校的心理辅导老师求助，找到问题的原因，有目的地解决问题；也可以向家人、朋友倾诉，将负面情绪消解掉。

四、大学考试问题百科

1. 大学考试容易出现哪些程序性问题？

（1）考场忘带东西，如考试证件、文具、水等。

（2）记错考试信息，如考试时间、考场教室、考试科目等。

（3）考试证件在靠前遗失。这时需要按照教务处要求找任课教师、辅导员或教务处及时补办。

（4）不记得课程相关信息。大学考试时需要在试卷上填写任课教师姓名和课程名称，课程名称在准考证上可以看到，但不记得任课教师姓名的情况也有发生过，同学们应注意这一点。

2. 平时学习中，教材和 PPT 哪个更重要？

不同的科目不一样。有的科目看书用处不大，看 PPT 会好很多。有的科目老师做的 PPT 不全，看书比较好。如果老师喜欢在黑板上板书的话，借学霸的笔记来看就是更好的选择。最好的方式是将两者结合起来，并不一定是都要看完，只需要选择最有用的看。

3. 怎样选择自习地点和时间？

每个人的习惯不同，合适的自习地点和时间不一样。学校里一般可以自习的地点包括教室、图书馆、自习室等，不推荐在宿舍自习。考试时，自习时间一般是除了生活必要项外的所有时间都用来自习，个人根据自己的精力集中程度分配重点科目和非重点科目的复习时间。

4. 考试周抢不到好的复习教室和图书馆位置怎么办？

自习最重要的是不让自己被外界打扰，如果不能到外界诱惑较少的复习教室和图书馆，可以在寝室或者咖啡厅的包间等地方自习。建议购买一个运动耳机，学习的时候可以减少外界的声音打扰。

5. 一个人自习好还是一群人自习好？

可以分两个阶段，开始的阶段自己复习，把知识点、重点什么的都搞清楚，太早和同学讨论，东一榔头、西一榔头反而知识零散。复习到一定程度，可以多和老师、同学交流。

6. 有哪些与考试不直接相关但重要的事项？

感情问题。期末考试是大学生感情泛滥的时期，很多暗恋、明恋、暧昧在这个时候都蠢蠢欲动。同学们一定要认清主要矛盾，尽量搁置这些事情，待到学业有成时，美好的爱情总会来临。

【学习警示牌】

1. 主动休息的秘密

有效学习的关键是保持极度专注，而非一味比拼毅力和耐力。不过，保持专注需要花费精力，而我们的精力是有限的。就像一桶水，有的人总量多些，有的人少些。但只要在困难的事情上消耗精力，精力桶的水位就会慢慢下降。

问题就出在这里，那些持续刻苦、争分夺秒、舍不得休息一下的人，他们的精力总量势必呈一条持续下降的曲线。也就是说，他们起初状态很好、效率也很高，但精力一旦消耗到一定程度，注意力就会开始不自觉地涣散、思维速度放缓。如果精力继续消耗，学习效率就会进一步降低，很容易出现分心走神的情况。

但这种信号对于刻苦者来说，仿佛是在提示自己该让意志力出场了。毕竟身边人告诫过自己：学习和成长是要吃苦的，所以不能因为有点累就去休息，而应该用意志力让自己坚持下去——这不就是所谓的努力、刻苦吗？于是他们舍不得浪费一点时间，认为在痛苦中前行才是努力的表现，越痛苦，越坚持，越刻苦，越感动。因此，他们采取的策略也不可能是停下来休息，而是强迫自己更刻苦、更努力，做别人做不来的努力，即使昏昏欲睡，也要强打精神。

刻苦者看似无比勤奋，可效果却越来越差，过程中感受到的更多是痛苦而不是乐趣，精力消耗十分严重，以致一旦放松就完全不想再次投入，他们更容易沉溺于舒适的娱乐活动。

反观那些轻松的学霸，他们学习时从来不过度消耗自己，只要感到精力不足，就主动停下来休息，这反而使他们精力桶的水位能得到快速回升。

“主动休息”的意义和优势在于日积月累，一些人领先于另一些人就会成为必然。而领先的那些人居然很轻松，这对崇尚刻苦的人来说，无疑是个让人惊愕的认知反转。

2. 保持专注的危机

不难发现，高效学习的关键在于保持极度专注，而不是靠意志力苦苦支撑，谁能保持长时间的专注，谁就能够在竞争中胜出。然而专注这个品质，在信息时代已经日渐成为稀缺品质。

虽然李大钊先生早就教导过我们：要学就学个踏实，要玩就玩个痛快。但是在那个年代，由于学习量和信息量都相对较少，人们更容易做到学习和玩耍各自专注，边界清晰。如今，人们面对大量的信息干扰和巨大的竞争压力，在这种情况下，大多数人只会本能的告诉自己，要更刻苦，更努力，却很少有人意识到，更科学的模式应该是：极度专注+主动休息，如此反复。

毕竟保持专注，并不能仅靠意志力约束，还要靠主动休息“回血”，只有精力充沛了，我们才能保持专注，所以如果你感到自己分心了就放下笔，没有睡意了就离开床。在生活中，最要不得的就是那种明明已经分心走神了，却还要强撑内耗，倒不如遵循“极度专注+主动休息”的模式，让自己先尽力保持短时间的极度专注，到有些累的时候就主动停下来，这是更加明智的生活和学习策略。

这种策略也极其符合在拉伸区练习的原则，因为一个人刚好感到有些累时，说明他正处在精力舒适区边缘，此时主动休息、及时回血就能使精力的使用效率最大化。那些靠意志力强撑又不够专注的人，其实已经将自己置身于精力的困难区，所以他们体验到的都是痛苦，而非愉悦。

当然有人会反问，现实生活中哪有这么多“刚好的事情”？难道在面对老师时，自己还能挑三拣四？其实这并不难办：要么重新设定学习内容，调整为合适的难度，要么将目标拆解为更具体的小目标，降低学习的难度，总之，想办法把难度控制在拉伸区范围内就对了。不管面对多么棘手的任务，只要我们愿意动脑筋，总能找到主动调整的空间。

3. 意志失控的根源

为什么一些同学在娱乐之后能立即投入学习，且毫不恋战，而另一些人一放松意志力就会溃散呢？原因还是精力不足。

精力，在某种程度上可以作为意志力的代名词。精力充沛时，人们面对困难会无所畏惧，面对诱惑也会有更强的抵抗力，但当精力不足时，我们不仅难以面对困难，甚至对诱惑的抵抗能力也会变弱，毕竟克服困难，和抵制诱惑都需要消耗意志力。

所以，一个真正的自控高手，不是一个只知道冲刺的人，而是一个善于主动休息、保持平衡的人。这些人无论面对精力的消耗与恢复，还是面对情绪的波动与还原，都会刻意保持着富足的状态，避免进入低位稀缺的境地。越是接近一天的尾声，我们越要注意自己的精力和情绪水平，毕竟我们还要抵制一些诱惑，防止自己不小心滑入深渊。

4. 能拯救你的“番茄”

很多人都希望自己有极度专注的能力，但说实话，这种能力并不是想有就能有的，要不然怎么说它是稀缺能力呢？造就专注品质，涉及一个人的生活环境、兴趣匹配、自身动力、学识背景、习惯积累等各种因素。那么，缺少这些条件的普通大众又该如何获取极度专注的能力呢？

一个简单又通用的方法正是前文说的主动培养“极度专注+主动休息”的行为模式。具体的做法就是：只要开始学习或工作，就尽量保持极度专注的状态，哪怕保持专注的时间很短也是有意义的；一旦发现自己开始因为精力不足而分心走神，就主动停下来调整片刻。

当然辅助工具也是有的。在时间管理领域，有一个著名的番茄工作法，它由意大利人弗朗西斯科·西里洛创立于1992年，其核心就是：先极其专注地工作25分钟，然后休息5分钟，如此循环往复。这种工作法有点类似于高强度间歇性训练。

当然，25分钟只是一个参考标准，我们可以根据自己的思维耐力来设定工作时段，有的人可以集中精力半小时，而有的人也许只能集中15分钟，只要到达了自己的疲劳边缘，就可以主动停下来。而且这个“主动停止”的动作一定要坚决。很多人在一开始的时候，由于精力分散得还不明显，就不愿意主动停下来，但这往往会得不偿失。主动休息犹如主动喝水，当感到很渴的时候再喝水，其实已经晚了，你想让精力保持高位，就要学会主动停下来，这甚至可以作为一个关键点。

另外，很多人在学习中都不具备不受打扰的理想条件，但只要坚持“极度专注+主动休息”的模式，效果也会让你满意。不管你能学习几分钟，只要开始了，就尽力保持专注，把无关的事情都放在一边。

刻苦，是一种宏观态度；轻松，是一种微观智慧。在学习这件事上，普通人的策略往往是“天赋不够，刻苦来凑”。好在我们已经知道学习的秘密不完全在于刻苦，还在于“会玩”，希望你在今后的学习成长中也能学出水平，玩出风格，成为他人眼中的学霸。

大学考试是一种修炼，也是一种选择，即选择我要成为什么样的人。考试也不是一个分数那么简单，复习时的寻求战略战术、获取资源、自制力、独立思考、分清重点主次、分享合作、与人沟通、时间管理、快速学习等能力远比分数重要。

付出的努力和所得的收获是成正比的，没有所谓的技巧，天才是百分之一的灵感，加百分之九十九的汗水。我们很多人都没有找到自己那百分之一的灵感，但可以一步一步、踏踏实实地付出百分之九十九的汗水。只要付出了努力，总是会有所收获。希望同学们能够做好全面复习，通过考试。

【成长榜样】

以梦为马，不负韶华

伍班宇，国家奖学金获得者、学习标兵、优秀团员，曾获中青杯全国大学生数学建模竞赛三等奖、四校联动知识竞赛第二名。这么多荣誉背后是她持续不断的努力！

在2018年的秋天，经历了难忘的高考，伍班宇来到了绵阳城市学院。在这里，开启了她别样的大学生涯。刚步入大学校园的时候，她心情很复杂、感到迷茫，但在老师对各个专业进行分析后，她开始制定职业生涯规划，慢慢地找回了自我，并且给自己立下了长远的目标。在学校良好的人际交往环境和学习氛围里，她认真刻苦地投入学习中。她经常给自己定一个一个的小目标，然后一步一步地完成，不管是英语四级考试还是计算机等级考试，她都认真地去完成。在完成这些小目标的过程中，她也慢慢地拾回了信心，找回了奋斗的希望。她经常对自己说："勇于尝试，愈困难愈要认真对待，要给自己一个成长的机会。"她一点一点的积累小的成功，每一个小小的成功都会让她欣喜万分。连续三次的专业第一并没有成为她骄傲的资本，而是成为她继续努力的一种激励。"它们好像在对我说我行、我可以，让我忘记了曾经的自己也是一个学习成绩不太好的学生。也许短时间的努力并不会得到认可，但是我相信，长时间的坚持定会让我受益匪浅。"伍班宇在采访中回答。她一直非常感谢老师们对她的细心教导，也感谢同学们给她营造的良好的学习气氛，更感谢这么久以来一直努力的自己。

第六章 体验丰富的课余生活

■本章导读

在高考结束等待开学的暑假里，很多同学应该已经初步了解了大学和大学生活，对大学有了模糊的认识。你是不是很期待大学里丰富多彩的课余生活呢？学生会、社团、比赛、社会实践等，你一定在心里想过这些活动的样子，却不知道它们到底是怎样举办的，对你的成长有什么作用。本章就让我们走进大学课余生活的世界，合理地参加课余活动，调节心情、舒缓压力，在张弛有度的节奏中快乐地学习和生活。

第一节 多彩的课余活动

所有以付出时间为代价而又能产生收益的事情，都是可以让生活丰富多彩的事情。

一、课余时间知多少

让我们来猜一猜，你每周会花多少比例的时间在课外？是30%、50%，还是60%？据不完全统计，大学生的课外时间占比几乎高达70%。没有想到吧？事实就是如此。

让我们来算一算，每周有168个小时，按照70%的占比来算，你有近118个小时在课外。在这118个小时中，你还需要睡觉、吃饭、交流和学习，扣除这些“生活必需时间”，你还有40~50个小时是可自由支配的。和高中不同的是，如何利用课余时间完全由你自己决定，上了大学的你成了时间真正的主人。

迷茫、无所事事是多数新生的感受。结束高中的紧张、忙碌，步入大学后，你发现大学原来是如此的轻松，可轻松的背后却是无声的抱怨“我现在每天除了吃饭、睡觉，就是打游戏。感觉自己的生活没有什么意义”。

身处平凡，却不甘于平凡，但又不做出任何改变，任由自己成为一条“咸鱼”。这就是当前不少大学生的状况。

大一的你们正处于最美好的阶段，因为你们拥有充裕的时间，可以去尝试不同的事物，而且不必担心失败。你们拥有最强的自我修正能力，且犯错误和失败的代价是最低的。

如果有机会，可以去试试竞选班干部，去尝试加入部门、社团，这些都是不错的选择，还可以从中结交一群志同道合的小伙伴。当然，如果这些你都不感兴趣，你可以去图书馆、自习室，那里的学习氛围浓厚，独自前往不必害怕。久而久之，你会认识很多积极向上的“大佬”，他们有考研的，还有考各种证书的，热心的“大佬”很乐意帮你答疑解惑。

二、关于学生会

在你报到注册的第一天，除了将认识你的辅导员老师和室友，你还会接触这样一个组织——学生会。很多大学在开学报到时都是由学生会负责组织高年级同学做接待工作。不必四处张望找寻，在车站高举学校牌子接站的那些同学，帮你拎着大包小包把你送到寝室的那些同学，还有拿着传递单给你讲解如何报到注册的那些同学，都是学生会的成员。

学生会是大学里最大的一个学生团体，里面设立了诸多职能部门，每个学院还设有自己的院学生会。学生会也是大学里最重要的学生组织，加入学生会可以锻炼组织管理能力、策划实施能力和团队协作能力，还可以扩大交际圈，认识更多的老师和同学。所以，加入学生会也成了许多学生刚入校园的目标之一。

一般来说，每学年新生入校的第一个月是学生会招新的时间，学生会的各个部门会在宣传地点介绍部门的情况与工作，鼓励新生积极加入学生会，然后根据招新人数进行选拔。选拔的方式往往以面试为主，很多新生因为从来没有参加过这种类似招聘的选拔活动，往往表现得很紧张，再加上报名人数众多，所以知难而退者不在少数。那么想要获得成功，到底应该做哪些准备呢？

【小贴士】

应聘的注意事项

自信是成功的第一步。相信自己能成功应对每一次考验，不要自己吓自己，不要在气势上输给别人。

做一份漂亮的简历。细节决定成败。无论是否有简历要求，都应准备一份简洁清爽的简历，它一定能增加你成功的概率。

养成微笑的习惯。学生会的成员需要经常和老师、同学们打交道，所以是否具有亲和力十分重要。“没有一块冰不被阳光融化，没有一个人拒绝微笑”，所以不要吝啬你的微笑，把你的快乐带给身边的每一个人吧！

学会适当展示你的特长。如果你擅长书法、绘画，不妨把以前的作品在面试时展示出来；如果演讲主持是你的特长，面试时的语言、表情、仪态就是你最应注意的部分；如果你是运动健将，面试时就应该让别人感受到你的活力……如果你确实没有什么特长，请一定要表现出你的真心诚意、愿意做平凡琐事的心态。要知道，学生会不怕培养新人，不怕招到能力不够的人，但是绝对不想要只想做大事不想做小事的人。

面试结束后，你回去忐忑不安地等待结果。可名单公布时，你从头看到尾，又从尾看到头，上面竟然没有你的名字。“居然没有选上，这怎么可能？”当你终于回过神来，你的心里肯定五味杂陈。

若是被学生会拒绝，不要意志消沉，也不要抱怨愤懑，应当保持良好的心态，每一个困境都蕴藏着同等程度或者更大的机遇。生活就是这样，当机会放在大家面前的时候，能不能识别并抓住它，就要看你是否具有一双善于辨别的眼睛和一个聪慧的头脑。当你面对失败和挫折的时候，能不能正视自己的失败，给自己重新开始的力量，则更需要你的大勇气和大智慧。

三、关于社团招新

上大学是非常愉快的事情，愉快的理由之一就是可以加入各种各样的社团，结交许许多多的朋友，还可以根据自己的兴趣爱好申请成立社团。

大学开始的前一个月，大学新生会被铺天盖地的海报宣传包围，各类社团使出浑身解数邀请你的加入。同学们蠢蠢欲动，不知道加入哪个好。那么，新生究竟该如何选择社团呢？

【小贴士】

如何选择社团

1. 选择社团，切忌贪多

新生往往因为一时的激动而报名加入了许多社团。加入之后才发现自己陷入了终日为活动所累的窘境。今天中午这个社团开会，下午那个社团团建，晚上还有一个社团搞活动，结果什么事情都没有做好。想要退出，但想到自己前期付出的努力，又觉得不划算。所以建议新生只选择1~2个社团参加。

2. 选择你兴趣爱好之所在

没有什么比做自己想做的事情更快乐的了。找到一群志同道合的朋友，你会发现生活是如此的精彩。

3. 与自己的能力发展目标相结合

选择社团，不仅要选择你喜欢的，还应该选择对你的能力发展有所帮助的社团。如果你觉得自己的语言表达能力不够好，不妨加入辩论社、演讲协会这样的社团；如果你想做一名企业家，那不妨去加入创业类型的社团……要做就做最有趣、最有创造性和最能增加附加值的工作。

4. 培养团队精神和沟通能力

天才如比尔·盖茨，也必须首先学会如何与艾伦和鲍尔合作。团队合作是你进入社团和部门之后要学习的第一课。在社团中，不仅可以发挥你的专业特长，还可以培养你的团队合作精神和领导能力。但更重要的是，你要做一个诚心诚意的服务者和志愿者，在担任学生工作时主动扮演同学和老师之间沟通桥梁的角色，为同学和老师服务。

大学中的社团避免了自己成为孤独的人，在社团中，大学生可以认识许多的同学并结交朋友。不要只和与你性情相近或只会附和你的人做朋友。大一学生经常以自己的好恶有选择性地交朋友。“看他那个样子，我才不会和这种人交往呢!”“他不喜欢我，我还不喜欢他呢！谁怕谁!”这样的想法会导致你的交际圈越来越小，并且没有办法和不喜欢的人一起共事。

也许你想说你不在乎，“反正大学的时光过完大家就散伙了，没有必要刻意去交往”。但与其在毕业之后才真正懂得同学之间情谊的可贵，才认识到校友资源的重要性，不如早早积累好人脉、维护好友谊。很多大学期间结识的朋友会成为你一辈子的知己，在一起求学和寻求自身发展的道路上，这样的友谊弥足珍贵。大学是获得真正友谊的黄金阶段，错过了，就不可能再重来。

其次，要学习向陌生人介绍自己。刚开始的时候可能会有困难，但不妨告诉自己：也许对方也很想和我交流，只是大家都不好意思开口，我只要能迈出第一步就好。

要知道社团像一个大家庭，爱好相同的人，更容易产生感情，一群人在一起干自己喜欢干的事情，更有意义。你可能会担心加入社团会不会因为活动过多而影响学习，其实社团不但不会影响学习，还能交到一群非常好的朋友，而且社团相对来说也没有太多的工作，仅仅是课余时间大家在一起放松心情。

无论在大学中同学们想要选择怎样的生活，都要有属于自己的真正生活。

四、关于其他的选择

如果你既不想去学生会，对各类社团也都没有任何的兴趣，那我想你一定有其他追求，比如考研究生等。

你是不是也有这样的心态，认为高考失利让自己来到一所自己不太满意的学校、学习自己不喜欢的专业。这种心态是正常的，大多数学生都有这种心态，想要通过其他途径改变自身高考失利的命运。

既然你有这样的斗志，我想你应该要初步了解一下大一的我们应该做什么。计算机二级证书、英语四级证书、驾驶证，这些最基本的证书建议在大一大二就拿到，因为大一大二的课程相对较少、难度较低、学生的斗志也是最高的，所以一定要一鼓作气全部拿下。

树立一个目标，比如你想要考取教师职业资格证，那么普通话证书就必须拿到手，这样你才不会在后期考试的过程中手忙脚乱。如果你想要大学毕业后找到一份满意的工作，那么专业相关的职业资格证是必须考取的，你可以事先寻找相关职业资格证的资料，大致了解考取证书的流程、需要复习的书籍等。

与此同时，一定要养成锻炼身体的好习惯。目前大学生体测也是重中之重，每学年都会有一次体测，这关系到大学毕业的问题。所以请你一定要每天抽出时间锻炼身体。你可以找到一两个适合你自己的运动方式，保持身体的活力；也可以找到同样热爱锻炼身体的朋友，几个人一起运动，比一个人有趣得多，也更容易坚持。

最重要的是：一定要坚持。每天锻炼一小时，健康工作五十年，幸福生活一辈子！一定要从大一就开始养成锻炼身体的好习惯。

如同 1 和 0 的关系，只有当 1 放在 0 前面的时候，0 越多数字才会越大。而我们的健康就像“1”，而其他所有的一切，学业、理想、抱负、友情、亲情、爱情都是后面的“0”。正如居里夫人所说，“科学的基础是健康的身体”。只有身体健康，才能谈得上获得其他的成就。对于大一的你们来说，现在很年轻，正处于一生当中身体状态最好的时期，但是千万不要因此而忽视了对身体的锻炼。

法国医学家蒂索有句名言：“运动就其作用来说，几乎可以代替任何药物，但是，世界上的一切药品并不能代替运动的作用。”运动对于身体的好处超过百种：它可以增进心肺功能，还能加速新陈代谢，帮助排除体内毒素。运动除了可以让人们的体态看起来更加年轻以外，还能有效地防止日常生活中的意外伤害。爱运动的人头脑通常比较敏捷，也比较乐观，因为运动会让大脑内部分泌一种快乐的“运动吗啡”，它会帮助人们产生积极与正面的想法。同时，运动也有助于对抗压力，在一天忙碌的学习与工作之后，进行一项合适的运动会让你消除疲劳，精神百倍。

【小贴士】

（1）一周至少锻炼三次，每次不少于30分钟，要达到使心跳加快的强度。

（2）最佳的锻炼时间是在傍晚而不是清晨。可以选择下午5点钟和接近黄昏的时候。

（3）把握好运动的强度更加有利于自身的锻炼。

研究表明，锻炼强度小于50%没有明显的锻炼效果，大于80%属于运动员训练的强度。对于一般人来讲，身体锻炼时脉搏控制在110~160次/分为宜。

看到这里，想必你已经迫不及待地想要开始自己的大学生活了。部门和社团不是必选项，你当然可以选择其他的，如准备考教师资格证书、考研究生等，你也可以适当放松玩玩游戏、追追剧，但是千万别沉溺其中。

不必害怕与畏惧未知的大学生活，想要成为什么样的人勇敢地去尝试。如果你不想到了毕业才感慨“如果上天再给我一次重返大一的机会，我一定会……”的话，那么，请从现在开始行动起来，全身心地投入大学生活中吧！别做“咸鱼”，做“忙鱼”。

第二节　合理规划课余生活

如果你不知道你要到哪儿去，那通常你哪儿也去不了。

一、课余生活的选择

“一定要加入学生会”“我听学长学姐说王老师的课从不点名”“不挂科的大学是不完整的”……

想必在拿到录取通知书的那一天，你一定在网上搜过或者打听过大学的生活是怎样的，你也一定浏览过网友们争论要不要加入学生会、要不要参加社团、要不要竞选班干部的话题。不论如何，请你一定要明白，大学的生活是自己体会的，从不是听说，也不是谁说了算，而是你自己说了算。

在你进入校园报到的第一天起，你就成了时间真正的主人。你可以参加很多的活动，也可以在宿舍躺在床上玩一天手机，至于如何选择，往往在你的一念之间。

你身边应该有不少这样的人，明明不想上课踏点进教室，可不知道为什么，总是习惯磨磨蹭蹭，哪怕比平时都早起床，依然会做一堆琐碎事情或者玩手机，最终不得不踏着点进教室。

或许你就是这样的人，你可能想把这个问题归结为“懒”，认为做什么事情拖拖拉拉，一定是自己太懒了。其实不是的，“懒”字在新华字典中的解释是“不情愿做某事”，而以上的事情，你分明是动过念头的，只是你想要完成的欲望不够强烈，没有将这件事纳入你的时间规划中。

要改变这种情况，可以多多参加活动，把握自己的兴趣并找到自己的特长。因为大学的很多活动，都是大一大二的学生参加得最多，尤其是大一的学生，占参加人数的一半以上，这个时候，形形色色的部门和社团都在纳新，各种各样的活动、比赛的海报贴满了张贴栏，那么你要做的就是结合自己的兴趣去参加几个适合自己的，不要害怕失败。

【案例】

小周和小王是同一个寝室的室友，小周在部门招新和社团招新的那几天挑花了眼，他最终申请了一个部门、五个社团，每天的课余时间都被各式各样的活动、会议占据，微信、QQ 每次打开都有几十条的未读消息，每天都早出晚归，就连周末都是这样；而小王没有加入任何的部门与社团，除了上课时间，其余时间都待在寝室打游戏。

不到一个月的时间，小周的热情被消磨殆尽，他开始消极应付每一次的活动。一个学年过去了，小周没有拿到任何奖项，就连两门基础课程都挂了。小王由于沉迷游戏，以至于后来连课都不去上，无奈之下，学院对小王发出学业预警。

在大二时，小周退出了大部分部门和社团，只留下了他最喜欢的辩论社。他开始规划每天的时间，既有去图书馆学习的时间，又有课外活动的时间。在辩论大赛时，小周的队伍拿下第二名的好成绩，小周也获得了最佳辩手的奖杯。小王因为学业预警幡然醒悟，开始努力学习，虽然游戏也在玩，但他只在把当天的所有计划全部完成后才会打开玩两把。小王的改变老师全部看在眼里，在老师的鼓励下，小王参加创新创业大赛，拿下了省级第三名的好成绩。

小周和小王是两个极端，前者将课余生活安排得太满且规划不清晰而自暴自弃，后者则是直接放弃安排课余生活，过度享受消耗自己的正常时间，他们二人都是因为时间安排不当而造成了困扰。因此，只有合理规划时间，才不会辜负曾经在高中刻苦的自己。时间的安排不当在思想上主要表现为目光短浅，胸无大志，理想模糊，信念丧失；缺乏社会责任感和事业心，没有远大抱负；缺乏自尊心，求知欲不强，没有毅力，害怕吃苦；整天无精打采，六神无主。那么我们要如何才能用好自己的课余时间呢？

二、正确安排课余时间

在 TED 一篇关于如何自由掌控时间的演讲中，有一句话说得非常对：当我们认为一件事情不重要的时候，我们就会觉得没时间去做。

这就好比很多人在大学的时候会被灌输一些概念：成绩没什么重要的，能毕业就好了。这使他们从内心就抵触学习这件事情，更不要说会花时间去做了。所以，我想和你分享的第一点就是：找到自己认同的目标。

可是找到目标之后，就能够正确安排课余生活吗？显然不能，就比如说，刚刚毕业的时候，你给自己立了一个目标：毕业5年内要实现年薪百万元。在目标设立之初，你很激动，脑补的升职加薪画面仿佛就在自己的眼前，可是在激动完后，你却没有任何行动上的改变。为什么？

原因就在于：你虽然想实现这个目标，但是由于目标太过于遥远，具体应该怎么做才能达成目标，完全不知道。既然根本不知道应该怎么做，又谈何执行呢？

首先，你要学会量化目标。在制定目标的时候，就应该充分考虑实际情况，给出具体的时间限制，制定一个可接受并且可实行的目标，并且可以用具体的指标进行衡量。也只有最终目标是可量化的，我们才能清晰地认知这个目标，让目标来指引我们的行动。

其次，你要学会分解目标。很多人的目标设定没有问题，但偏偏中途放弃，罪魁祸首就是：不会分解目标并且给自己盲目打鸡血。这显然是不明智的选择，你需要将分解后的目标与自己做对比，知道自己的哪些方面存在差距，知道能力差距以后，你就可以有针对性地进行学习和“充电”，缩小自己与目标的差距。这时候，你还需要评估，自己花多少时间，通过什么样的方法，能够掌握这一项能力。应该细分到：每个月应该完成什么目标，每周应该完成什么目标，每天应该完成什么目标。这样分解的目的在于：便于印证目标的设定是否合理，为实际行动建立清晰的指引。

最后，形成“目标—执行—反馈”的正向循环。也许你会说，目标也设定了，也进行每个阶段的分解了，但还是无法长期坚持，怎么办？导致这个情况的原因可能有两个：一是你的目标设定得太高，你现阶段没有办法完成，或者完成起来非常痛苦。《蜥蜴脑法则》这本书中提道，“我们每个人的大脑当中，其实都有一个内在蜥蜴的存在。它游离于我们的意识之外，被称为无意识思维系统”。而这个无意识思维系统，总是倾向于得到快乐、避免痛苦。如果我们的分解目标过高，我们的蜥蜴脑认为这个目标完成起来太过痛苦，就会产生逃避心理，找各种理由来终止我们的行动。遇到这种情况，你就需要审视自己，目标是否制定得相对合理，能够让自己在达到某个临界点之前完成。二是你在完成这个小目标之后，自己没有得到任何反馈。这种情况经常会发生在学习英语的过程中。当你完成一个小目标过后，常常会觉得自己没有什么实质性的突破。这样反反复复，很多人就坚持不了多久。我们不妨为自己约法三章，完成一个小目标就奖励自己一顿大餐，如果不能完成，就会受到惩罚，比如今天不能吃晚饭等。总之，不管目标完成与否，都设定一个反馈，奖罚分明。

【小贴士】

时间规划

1. 有一个明确的目标

达成这个目标肯定有许多任务要完成，把这些任务分到不同的时间段，依次安排好，只要把这些任务按时完成就能大概率达成目标，同时还可以增强我们的自信心和继续完成目标的动力。

2. 对任务进行分类

根据重要紧急程度四象限进行分类，主要是四类：重要且紧急、不紧急不重要、紧急不重要、重要不紧急。

比如每天背20个单词、明天是交作业的最后期限、这周去理发三个选项，交作业显然是重要且紧急要放在最先做，而背单词则是属于重要不紧急可以放在稍稍靠后的位置做，去理发这明显是既不紧急也不重要可以放在最后再做。

3. 对任务安排合理的时间

可以使用截止日期倒推法，从即将截止的那天往前推，看看每天应该做什么，一定要写好备忘录，并且给手机设定计划的闹钟，这样可以在很大的程度上避免拖延。

4. 不拘泥于时间规划

我们每天总会或多或少地出现突发情况，因此不必按部就班地全部都按照时间规划表走，在突发情况出现时，需要对突发情况进行分类再安排合理时间，这样就不会打乱自己的规划了。

三、把时间留给自己

传统的时间管理鼓励我们成为一个高效的工作狂，却也更容易让我们陷入焦虑感和负罪感，而急功近利的心态将阻碍个人的长远发展。在制定课余时间计划的同时，不妨把一部分时间留给自己，去追求更智慧、更有审美、更有幸福感的生活。

在留给自己的时间中，一定要关注当下，既不活在过去，也不为未来忧虑，而是享受当下；在当下做每一件事情，深入地沉浸其中，全身心地去感受；对于外物的觉察，能够反观自己的生命，进而提升自己的生活智慧，去获得更深层次的快乐与充盈的体验。

相信你一定有这样的体验，身处纷纷扰扰的尘世中，我们在每个瞬间都要面对大脑中涌现的亿万个念头，面对周遭的爆炸性信息，有些精力充沛的人会让这些信息和念头自行消融，放走的就完全抛在身后，不再对自己造成任何影响；而有些人让身心成为一个容器，把这些纷纷扰扰都留下成为自己的困扰和烦恼，变得保守而沉重。

留存哪些信息、放走哪些信息，看起来是无意识的选择，实则对很多人来说是一种困扰。而冥想可以很好地帮助我们消除这种困扰，做到有舍有得、了无牵挂。

脑科学家们做过这样一个实验：让经常做冥想的人和不做冥想的人同时接上功能性磁共振设备，实时观测他们大脑的活动变化。我们都知道，大脑的前额叶皮质是负责理性判断和自主选择的关键区域，研究发现，长期进行冥想训练的人的大脑前额皮质中的灰质增加了。也就是说，通过冥想有可能获得更发达的前额叶皮质，从而让人能更好地控制自己的选择，尤其是不为感情所困扰，冥想可以让精力模式从耗散变为生发。

最后，无论你选择怎样的大学生活，在忙碌之余，一定要转变态度，并结合真正有效地放松，才能获得“有底气有自信”的生活态度，并在面对持续生存的生活压力和紧张的生活环境中，过得轻松一些。

第三节　计划开支，合理消费

在当今社会，年轻人特别是大学生并不能合理控制自己的消费，很多人都是月光族，月初生活费一到账就开始购物、吃喝、玩乐，月中和朋友游玩，月底就开始吃“土”了，自己温饱都成问题，就更不用说每个月存款了。这些归根结底就是没有一个合理的消费观并且未能合理地计划本月的开支。

一、计划开支

（1）准备一个私人账本，把每天的花销全部记录上去。

（2）办一张银行卡，定期存取款项。

（3）制订自己每月的消费计划，把自己每个月的生活费分成三份：一份用作伙食费；一份用作课余活动经费；还有一份可以用作应急经费。如有剩余，可以适时分配或将其存入银行。

（4）实现理财计划最重要的一点就是要懂得如何开源节流，尽量减少下饭店、吃快餐的次数，此类吃饭费用会占我们生活费的很大一部分，理财计划恐怕也难以实现。另外，还要随时对自己的资金了如指掌，确立理财目标。

（5）每月做一个理财计划，列出哪些是应该买的，哪些是不必要花费的，哪些是可买可不买的，以及哪些是一定要买的但是目前暂时可以不要的，然后记录每一次的开销；对你的支出有清楚的了解，知道在何处删减，为什么要删减，以及删减哪些；月末看看哪些是必不可少的开支，哪些是可有可无的开支，哪些是不该有的开支，是否和计划相符。如超出计划，下月就要减少不该有的开支并适当调整自己的消费行为。

（6）在做到以上几点以后，如果本月有余额可以转入下个月的生活费，相应地就可以多存一点钱，从而形成一个良性循环。这样到毕业时你会发现自己多了一笔小小的创业（个人开支计划）资金并且自己对财富的控制与管理能力提高了。更重要的是，在今后的生活中你可以更加有效地拥有、使用和保护财富，可以更加自由地安排未来的开支，实现个人经济目标。

二、合理消费

随着生活水平的提高和消费观念的改变，大学生群体中涌现了一大批月光族，他们发现家里遇上大事或自己遇上困难的时候完全无能为力，这就需要调整消费观念。

合理消费的第一步就是先要记账。看看自己的钱到底花在哪了，怎么去减少不必要的消费。可以选择一些记账的 App 来帮助自己更好地管理钱财。

每个月的生活费要认真做一个规划，比如可以把生活费分成不同的等份，一份存着，一份当基本的生活开销，一份可以用来进行一些小投资或者小创新。同时，自我投资也是很重要的，只有自己的能力提升上去了，才会有更好的发展空间，接触更多优秀的朋友。可以把一小部分钱放在阅读上和身体上，身体是革命的本钱，亏待谁都不能亏待身体，成长也是最有升值潜力的投资。

很多人在刚开始时都抱怨拿不出更多的钱去投资，因而无法实现其经济目标。其实目标并不是依靠大笔的投入才能实现。削减开支，节省每一块钱，因为即使很小数目的投资，也可能会带来不小的财富。例如：每个月都多存 100 元钱，结果如何呢？如果 20 岁时就开始投资，并且可以拿到 10%的年利润，30 岁时，就会有 20 000 元钱。投资时间越长，复利的作用就越明显。随着时间的推移，储蓄和投资带来的利润更是显而易见。所以开始得越早，存得越多，利润就越是成倍增长。

三、大学生不理性消费存在什么样的弊端

大学生不理性消费行为主要表现为冲动型消费。冲动型消费又可以划分为纯冲动型消费、刺激冲动型消费和计划冲动型消费。而对于这三种不同类型的冲动消费而言，不理性消费对其产生重要影响的因素可能来自参照群体、价格因素、环境因素等多个方面。

（一）纯冲动型大学生消费心理

纯冲动型消费是指消费者在做出消费决策前并没有想要购买的决定，并没有经过分析问题、收集信息、方案选择、购后行为这一整个过程，完全出于消费者的“一时兴起”。冲动消费也特别符合大学生的性格特性，想买就买，并没有考虑太多因素。

（二）刺激冲动型大学生消费心理

区别于纯冲动型消费，刺激冲动型消费是指消费者并不是因为“一时兴起”购物，

而是在购物现场或网络商店见到某种产品或某些广告宣传、营业推广，被激起了尚未被满足的消费需求，从而决定消费。

（1）打折活动。打折是商家为了促进销售而给予消费者一种价格优惠的行为，实际上这是商家实现高利润的一种手段。并且这种方法最容易刺激大学生做出冲动购买行为。商家给予的商品打折后的价格越低，消费者就越会进行冲动消费。

（2）消费环境。购物商场播放的背景音乐会给消费者带来轻松和愉悦的心情，也会造成冲动消费行为。在咖啡厅、快餐店等场所，刺激冲动型消费者会受到轻快、古典的装潢和柔和的音乐的影响，情不自禁地点杯咖啡。

（3）广告。商场的促销海报、广告牌等，使大学生在购物前对某种商品产生一种未被满足的需求，当看到某些产品或营业推广方式，就会冲动消费。

（三）计划冲动型大学生消费心理

计划冲动消费是指在消费前就拥有了对某种商品的需求，但计划冲动消费与纯冲动型消费和刺激冲动型消费的共同区别是消费者事前有计划去购买某些商品，但他们会被限时优惠、打折、让利销售等商品所吸引，进而拥有购买其他商品的欲望。

计划冲动消费型大学生的消费心理又可以细分为求廉心理、求奇心理、社交心理和从众心理。

（1）求廉心理。大学生消费群体与其他消费群体的最大区别是，在价格昂贵的商品上，大学生消费的其实并不多，更容易受到打折优惠的影响而产生冲动消费，特别是在网购领域，表现得更明显。

（2）求奇心理。大学生接触的信息偏向多元化，他们只求新鲜感，对于自己感兴趣的或感到好奇的商品有着格外的兴趣，这很容易造成冲动消费。很多大学生购买商品不仅仅是因为它的价格、质量等因素，还可能被包装所吸引。

（3）社交心理。大学生在大学的这个学习环境接触的人会很多，尤其是身边的同学，有的家境较好的同学经常购买昂贵的名牌物品，其他一些大学生肯定会心生羡慕，进而出现攀比的心理和行为，他们也经常会为了社交活动而进行冲动购买。

（4）从众心理。以寝室为例：室友用过的很多东西的评价都很好，并且用起来也真的很方便，那么大家就可能都会跟着去买。另外，大学生网购很看重好评率，也就是买家秀，如果大家都说好，那么大学生也容易跟着买。

（四）影响因素

（1）价格因素。商品的价格越低，越易造成消费者冲动消费；反之，商品的价格越高就越不会被消费者所关注。大学生一切费用基本上来源于父母，所持金钱有限，面对价格相对低廉的商品，很容易产生冲动购买行为。

另外，对于价格过高的商品，虽然大学生暂时无法支付得起，但花呗分期、京东白条等支付方式，使得价格高的商品同样在大学生群体拥有市场。

（2）顾客因素。消费者情绪的起伏较大，会受到周围环境的变化而变化。这类人往往对新产品有着浓厚的兴趣和好奇心，易被广告、促销等方式所吸引，同时会依据自己的兴趣和爱好选择性地购买商品，也会因为产品的包装和外观去选择购买商品。

大学生在自控能力这方面比较欠缺，往往看到自己喜欢的产品不会做过多考虑，也不会过多地去想购买了这些商品会不会造成基本花销不够。这个过程是理智被情绪战胜的过程。大学生可能原本有一些合理支配钱财的计划，却因为周围室友和同学的影响，不得不败给了自己的冲动。在心情不好时，大学生往往会通过在商场购物来平息自己的情绪；或是在心情愉悦的时候，比如在某方面获得成就时，大学生会控制不住自己的行为，产生冲动消费。

（3）参照群体。在有好朋友的陪伴下，消费者会受到他们的影响而去冲动消费，也会因为朋友的言语而改变自己的消费决策。人们在群体购物时容易产生非理智消费行为。大学生极易在群体购物时产生群体压力，也极易产生从众心理，很容易购买朋友推荐的商品。消费者处于这种情景模糊的状态时，往往会听取别人的购买建议，从而忽略自己的判断。

（4）经济因素。随着生活水平的提高，非计划购买行为频频发生——因为人们的经济能力增强了。消费者自由支配财物的能力有限时，通常情况下，不会冲动消费；反之，消费者就容易冲动消费。

（5）其他因素。对消费者的冲动型购买产生影响的因素还包括环境因素、促销因素、产品性质因素、知名度因素等。其中，环境因素和促销因素是从商家的角度出发，为了最大限度地延长顾客在店内停留的时间并激发顾客的购买行为，具体表现为通过对经营场所进行装饰和装潢，发布引起消费者购买欲望的促销信息，引起顾客的兴趣。而产品性质及知名度因素则是产品本身自带享乐属性，它们使消费者通过购买产品获得使用功能之外的其他效用。

第七章 自我保护很重要

■本章导读

高等学校要培养高素质的创新型人才，首要任务是加强对大学生的安全教育。随着高等教育大众化的深入和社会的不断发展，高校承载的责任日益加重，大学生的人身安全、心理安全等隐患增多，影响大学生安全的因素也越来越复杂多变，大学生安全教育与管理面临极大挑战。本章重在强化同学们的安全意识，并主要讲解财产、消防、出行和地震等方面的安全问题和自救措施。

第一节　牢固树立安全意识

大学时代是人生中最活跃、最美好的阶段，校园里充满着无尽的朝气和活力，是人们理想中的象牙塔在现实中的存在形式。然而，随着社会的不断进步和发展，现在校园已经由封闭式的“世外桃源”变成开放型的“小社会”，与现实社会无时无刻不发生着千丝万缕的联系。同普通社会一样，学习和生活在“象牙塔”之中的大学生也难免会面对各种事故。因此，掌握安全防范知识，加强自我安全保护意识，积极参与学校安全管理，共同维护和营造学校安全稳定的生活环境，是每一位同学的责任和义务。

一、大学安全教育的必要性

在校期间，大学生除了进行日常的学习、生活外，有必要参加各种各样的社会实践活动、实习、兼职等；否则，大学生步入社会后如果缺乏基本的社会生活知识及安全意识，当各种安全问题接踵而来的时候，势必成为安全问题的受害者。因此，加强大学生的安全教育，不断增强其安全意识和自我防范能力显得尤为重要。

（一）加强大学生安全教育，是维护国家安全和利益的需要

从宏观角度来说，国家安全是各项安全工作的根本保证，有国才有家，有国家就需要有国家安全工作。从古至今无论哪个国家都不例外，不管社会形态、社会制度是怎样的，国家利益都是人民最高、最根本的利益，维护国家安全是全国人民的首要任务。因此，全方位了解国家安全，加强大学生安全教育，端正大学生的安全思想认识，增强国家安全意识，是维护国家安全和利益的必由之路。每位大学生都应自觉成为国家安全和利益的维护者。大学生对国家安全往往还存在着种种模糊的认识。一提到国家安全大学生就很容易联想到美国大片中诸如 FBI、CIA 等国家安全机关，或者是军队和武警官兵等军事武装力量，就会产生“国家安全事不关己”的认识，然而这种认识是极为片面的。大学生对国家的安全认识不应仅仅停留在军事、战争、国防、领土、情报、间谍这样一些传统的、局部的、片面的认识上。当前，国家安全既包括国土安全、主权安全、政治安全、经济安全、国防安全、国民安全等传统内容，同时还包括文化安全、科技安全、金融安全、信息安全等方面的新内容，特别是信息安全。21 世纪是信息时代，计算机和网络已经普及，信息安全被提到一个重要的位置上。

虽然我国经济发展较快，社会生活趋于稳定，人民安居乐业，国际竞争力也在不断增强，但是作为大学生的我们不能因为生活在这样的和平时代就完全放松对国家安全的警惕之心。当代大学生要居安思危，要树立起国家安全意识，积极配合国家安全机关的工作，每个大学生都应当按照《中华人民共和国国家安全法》的相关要求，认真履行职责，尽力提供便利条件或其他协助，如实提供情况和证据，做到不推、不拒，更不能以暴力、威胁方法阻碍执法机关执行公务，还要切实保护好已经知晓的国家安全工作的秘密。

（二）加强大学生安全教育，是高校治安形势的需要

校园环境日趋社会化。随着高等教育事业的发展和改革开放的深入，高校由原来单一的教学封闭型区域转变为全方位、多功能、开放型的“小社会”，校园内不仅有教学区、生活区，还有超市、书店、银行、菜鸟驿站、医院等生活服务设施和机构，这种格局，给高校的安全管理造成了诸多不便。社会上的不法之徒，利用各种手段窜入高校进行盗窃、抢劫、诈骗等犯罪活动，危害到学校师生的人身安全和财产安全。因此，加强大学生安全教育，可以有效地减少大学生中的各种安全问题，从而起到维护高校安全和稳定的积极作用。

（三）加强大学生安全教育，是提高学生自我防范意识与应变能力的需要

近年来，在校园内外发生了许多涉及学生意外伤害的事故，究其原因虽然各不相

同，但都有一个共同点，就是大多数当事人对于事故的发生没有任何心理准备和自我保护意识，面对伤害不知所措。当前大学生在自我防范意识和自我保护能力方面，主要存在以下问题。

（1）缺乏社会经验。当代大学生大多数是独生子女，从小都是在长辈的呵护下长大的，一般没有经受过什么挫折，思想也相对比较单纯，对社会上的不良风气缺乏理性的认识。不法分子正是看中了大学生的社会经验不足，把大学生作为作案对象，进行偷窃和行骗活动。有一些大学生在受到不法侵害时，不知道该怎么保护自己，又缺乏法律保护意识，轻而易举地被些不法之徒威逼利诱。因此，大学生要加强安全教育，完善知识结构，学习、了解、掌握一些安全常识，从而提高防灾抗变的能力。

（2）缺乏安全防范意识。一些大学生安全防范意识淡薄，对可能发生的各种安全问题，缺乏必要的重视和警惕，留下种种安全隐患。如部分大学生离开宿舍不锁门，贵重物品不妥善保管；在宿舍内乱接乱拉电线，使用违章电器或大功率电器、乱扔烟头等，最后引发火灾伤及自己。大学生要增强安全防范意识，学习并掌握基本的安全知识和自我保护的技能，提高安全防范能力，安全与健康地在大学中成长、进步。

二、大学生应树立的安全意识

随着改革开放的不断深入，高等教育和校园对社会的开放程度越来越高。大学生所面临的各种不安全因素在逐年增多，大学生受到的非法侵害案件和有关大学生的安全事故数目也在逐年上升。如果大学生因为安全问题出现意外，不仅个人的学业、身心健康、财物受到影响，而且家庭也会感到不安和痛苦。因此，大学生在校期间，要认真学习安全知识，树立安全意识，增强自我保护能力，做到居安思危、思则有备、备则无患。

（一）遵纪守法和文明修身的意识

大学生要树立安全意识、安全观念，一方面要加强自身修养和增强法律意识，要学法、懂法、用法；另一方面要不断强化文明修身的意识，提高自己的道德素质，避免因自身的素质问题陷入冲突之中，使自身受到不安全因素造成的威胁。

（二）对安全形势认知的意识

安全隐患早知道，就是要求大学生对社会安全形势有一个全面的认知。虽然当前社会安全形势总体上稳定，校园安全状况要优于社会整体水平，但随着经济发展和社会的不断转型，大学生所处的安全环境也在发生变化，面临的安全形势应引起重视。

（三）自我防范的意识

当前社会治安形势总体稳定，但也不可避免地在某些领域还存在许多不安全因素，这就要求大学生树立自我防范意识，对安全隐患要有心理准备。早预案，做好自我保护，尽量避免不安全因素对自身的伤害。

（四）面对突发事件应变的意识

部分安全事故的发生是没有预兆的，这就要求大学生要有面对突发事件应变的意识。这方面意识的培养，有利于大学生在面对突发事件的时候在最短的时间内做出正确判断，第一时间采取措施帮助自己和别人脱离危险，而不是因害怕、应变能力不够丧失了逃生和减少损失的机会。这需要在平时注重加强相关安全知识储备以及应变能力的培养。

（五）维护国家安全的意识

公民有维护国家安全的责任和义务。大学生作为国家未来的建设者和接班人更要有这种意识。随着各大高校改革的深入、校外人员来校的参观访问、讲座以及科研合作项目的增多等，使高校的国家安全工作面临许多新的问题。为提高大学生的国家安全意识，自觉抵御境内外敌对势力的渗透活动，当前应重点抓好国家安全教育。一是抓好普法宣传，提高守法意识。学校要充分利用广播站、校报、微信公众号等宣传工具，做好宣传教育，使每个大学生认识到，国家安全是和平稳定的大前提，否则国家的发展和现代化建设将无从谈起。每个大学生都有维护国家安全的责任和义务。二是增强大学生的责任意识，强化防范意识。责任和防范意识关系到国家的安全和经济发展的大局。每个大学生在对外交往中都应自觉遵守各项保密制度和规定，自觉保守党和国家的秘密。要保持高度警惕，对国家秘密严格保守，维护好国家安全，不透露任何涉及国家安全的信息，在面对危害国家安全的行为时要勇于承担责任和义务，坚决制止，及时揭露，用实际行动保护国家安全。

（六）自我调节能力培养的意识

挫折是大学生成长过程中不可避免的。大学生要正确对待挫折，要具备积极应对挫折的心理素质。一方面，要树立正确的人生观、价值观，培养责任意识，遇事学会冷静，辩证分析问题，克服困难；另一方面，要培养健康的心理品质和心理承受能力，能自我调节心态，克服心理障碍，避免情绪极端化。

（七）信息安全防范意识

进入 21 世纪，网络信息经济迅速发展，涉足网络信息领域的人越来越多，虽然网络提供了信息的快速传达与获取的便捷途径，但同时也成了不良信息传递的快速通道，甚至为一些违法犯罪行为提供了方便。

网络作为一种现代化信息媒介已经成为大学生活中一个不可或缺的组成部分，大学生作为互联网最庞大的受众群体，几乎人人涉足网络。网络已经渗透大学生生活的各个层面，影响着大学生们的人生观、世界观和价值观，虽然大学生有较高的知识和技术能力，但网络安全意识的相对薄弱也会带给大学生一些意外的伤害：很多大学生沉迷于网络游戏不能自拔以致荒废学业；在网络交流过程中容易轻信他人而被欺骗；由于自身免疫能力差，容易受不良信息的影响而导致网络犯罪等。这些都是网络应用带来的负面影响。大学生要正视这种影响，大力加强信息安全防范意识的培养。

（八）交通安全防范

当前，大学生交通安全知识缺乏和交通安全意识淡薄，尤其是近些年来在校大学生考取驾照变得越发普遍，同时各类车辆数量在逐年递增，给交通安全造成越来越大的压力。大学生应养成遵守交通法规的好习惯，避免交通事故的发生。

另外，当下有很多城市建设有独立的大学城或高教园区，基本位于城郊，比较空旷，车辆在此区域的行驶速度很快，司机也比较放松，极易发生交通事故。在特殊时段如国庆、春节，大学生回家心切，个别学生会乘坐非营运车辆或乘坐超载汽车，置自己的安全于不顾，导致交通安全事故发生。大学生应妥善选取交通工具和离校返校时间，防患于未然。

（九）防范盗窃意识

近几年来，学生宿舍盗窃案件呈上升趋势。现在的大学生多是20世纪90年代后成长起来的独生子女，他们在上大学前没有集体生活的经历，安全意识比较淡薄，尤其表现在自身物品管理上：手机、电脑、现金、银行卡、钱包等个人物品随意乱放；离开宿舍或晚上睡觉时不关门窗，给犯罪分子留下可乘之机。所谓“害人之心不可有，防人之心不可无”，大学生更需要树立和增强防盗意识，在思想上树立起牢固的安全防线，用身边的例子警示自己，自觉遵守学校宿舍安全管理规定，注重细节，在宿舍内不存放大额现金，不擅自留宿外客，人离宿舍必须锁门，对形迹可疑的陌生人更应提高警惕，不给犯罪分子可乘之机。

（十）防范诈骗意识

诈骗往往虚构事实或隐瞒真相，以获取大学生同情从而骗取财物。现实生活中大学生被诈骗的案例也是屡见不鲜，骗子利用的就是大学生涉世不深、思想单纯的特点。例如曾有不少大学生被所谓的中介公司骗取介绍暑期工作的中介费用和高额押金；还有骗子利用大学生纯洁的感情，假借恋爱关系骗取金钱。大学生应该利用网络、报纸等正规媒体了解和认清诈骗分子的惯用伎俩，学会自我保护，谨防上当受骗。

（十一）消防安全防范意识

随着我国高等院校扩招，校内人员密度相应增大，住宿压力增大，消防安全形势日益严峻。遇到火灾时，有的大学生缺乏必要的消防常识和自救逃生技能，从而惊慌失措，错失了逃生的最佳时间，使小火酿成大灾。

相关调查发现，当前大学生消防安全意识及防范能力不容乐观。36. 6%的大学生不知道或不关心所在公寓楼里的安全出口通道；80%的大学生不知如何使用灭火器；在

“您对宿舍里使用大功率电器的看法”的问卷调查中，39.7%的大学生表示用过，但没出什么事，10%的大学生表示偷偷用，不被学校发现就没问题。在对“您认为宿舍中存在的安全隐患有哪些?”的选项中，多数学生认为“热得快”等大功率电器的使用是最大的隐患，其次是私拉乱拉电线，而手机充电时间过长被排在安全隐患的最后。

大学生应该自觉遵守学校消防安全管理规定，积极配合学校做好消防安全工作，积极参与学校组织的消防法规和消防技巧的学习，学会在不幸发生火灾时能运用自救、互救的本领逃生。在大学生宿舍不得使用大功率电器、明火，否则将酿成严重后果。

（十二）自我保护意识

大学校园是一座洁白的象牙塔。尽管如此，仍有许多不法分子蠢蠢欲动，伺机下手。大学校园离大学生步入社会仅一步之遥，在学校的周围总是存在着一些别有居心的人，使用勒索、敲诈、威胁恐吓、性骚扰、挑衅、抢劫等不法手段，破坏学校正常教学秩序。然而当面临侵害威胁时，大学生往往不能有效地保护自己，显得很无助。因此，提高大学生自我防卫能力显得十分重要。大学生应进行有关自我保护内容的法律知识的学习，通过学习学会运用法律武器保护自身的合法权益不受侵犯。大学生在遇到他人不法侵害时，应该出面制止，如果对方人数较多则不应该盲目逞英雄，应及时向公安保卫机关报告或拨打110报警。大学生在遭受不法侵害但无法报警时，如遇到抢劫、盗窃、强奸、行凶、杀人、放火等，应大胆采取正当防卫来保护自己和他人。

《中华人民共和国民法典》明确了正当防卫行为免责。正当防卫必须掌握三点：一是公共利益、本人和他人的合法权利受到不法侵害；二是针对正在进行的不法侵害；三是对象为不法侵害者本人。遭到不法侵害后，不能靠“私了”“私设公堂”来处理，这样会出现先受害后违法，甚至犯罪的局面。大学生要知法、懂法，要充分运用法律武器来保护自己。在受到不法侵害时要临危不惧，不要惊慌失措，“做贼心虚”是一切不法侵害人的共同特点，要相信正义必将战胜邪恶。

三、正确判断安全环境

（一）大学生面临的安全问题

大学生面临的安全问题主要有以下九个方面：一是人身安全；二是财产安全；三是交通安全；四是生理安全；五是消防安全；六是心理安全；七是网络信息安全；八是学习和社会实践活动安全；九是违法犯罪以及公共突发事件等不安全因素。

（二）目前社会治安形势的基本情况

当前，社会治安总体形势稳定，但还是存在诸多不安全因素：经济犯罪案件增多，带有“黑社会”性质的犯罪时有报道；智能犯罪、技术犯罪数量有所增长，网络犯罪等各种形式的违法犯罪活动也时有发生；毒品交易、卖淫嫖娼、非法传销等犯罪数量也帮对增多；同时地质气象等自然灾害，流行性传染疾病、食品安全、火灾、公共安全等事故，也给社会安全造成很大影响。

（三）目前高校校园安全的基本状况

大学校园的不安全状况主要表现在以下六个方面：一是针对大学生的盗窃、诈骗等违法犯罪活动有所增加；二是大学生伤人的恶性事件时有发生；三是校园不稳定事件时有发生；四是网络犯罪率上升较快；五是侵害女大学生的案件不断出现；六是心理疾病造成在校大学生出走和轻生人数增多。

让我们一起努力，共同铸就安全的城墙。大学生不但要严格自己，还要做好义务宣传员，用实际行动影响我们周围的人，带动全社会的人都参与到校园安全维护中。

第二节　财产安全

一、常见的财产安全陷阱及应对方式

财产安全问题是当今社会大学生最常见的安全问题之一。一方面是骗子们的诈骗套路越来越多，网络技术的普及也成为骗子们的诈骗捷径；另一方面是大学生财产安全意识淡薄，总想着以“他律”代替“自律”。大学生要加强财产安全意识，了解常见的财产安全陷阱，时刻给自己的财产安全系统“打补丁”。

1. 改签退赔

改签退赔是电信诈骗的一种。骗子们通常以官方的“腔调”通过电话或者短信通知你“航班、列车因控制疫情、故障等被取消，办理退改签可获赔偿”“受疫情影响，快递滞留补偿”等为由，让大学生提供银行账号信息，诱导大学生进入虚假网址，要求提供验证码等信息，进而盗取大学生银行卡或微信、支付宝里的钱。

航空公司因上述原因造成航班延误或取消，退改签不收钱，也不会联系你进行钱款交易。电话中提出要求转账，一律拒绝。大学生如果收到来历不明的通知短信时，切勿轻信，第一时间通过航空公司官方渠道确认，不要拨打短信中的陌生号码。大学生如需购买机票、车票应通过官方正规途径进行购买，不要贪图便宜到钓鱼票务网站或虚假 APP 购买，受骗，造成经济损失。

2. 刷单兼职

刷单兼职是指网络上看起来很轻松，并且回报很高的兼职工作。这些兼职工作往往宣称只需要智能手机或电脑就可以在线工作，每天只需要花一点闲暇时间，而且承担支付报酬很快，低付出、高回报。总结起来就是：钱多、事少、门槛低。这就是网络上持续不断的网络诈骗套路。

骗子一般的套路是：首先，以兼职需要为由，让大学生提供个人信息或者账户信息包括（身份证、电话号码、姓名、支付宝余额等）；然后，提供所谓“工作”二维码或“领款”二维码让大学生扫；扫入二维码后，网页会以各种理由提示大学生输入支付密码，一旦输入支付密码，大学生的钱就会被对方转走；最后，骗子还会以各种理由诱骗你继续赚钱，或者直接切断联系。

这些骗局其实很简单，但骗子们抓住了个别大学生“渴望赚钱”“自信不会被骗”的侥幸心理，一步步诱导他们踏入陷阱。同学们在平时一定要警惕陌生二维码，既要避免扫描不可信的二维码，也要避免自己的付款码、身份码等被他人无意或蓄意扫描，更要保护好自己的重要密码。

如果已经被“兼职刷单”陷阱骗走了钱财，同学们要在第一时间拨打 110 报警。很多人被骗后很迷茫，不知道怎么办，只知道自己干着急。在网络诈骗案件办理过程中，公安机关最重要的就是与骗子进行的时间的赛跑。受害人越早报警并反馈有效信息，警方就能够越及时地为受害人挽回经济损失。遭遇网络诈骗报警时，首先要说明自己的姓名、身份证号、手机号、被骗金额，如果是通过银行卡转账，应详细将对方姓名、卡号、转账时间告知民警；如果通过支付宝、微信等第三方支付平台进行转账汇款，要及时提供自己支付宝、微信等第三方支付平台的账号信息。

3. 租借账号

租借账号包括身份证号、社交账号、收款码等。这种骗局比兼职刷单更有诱惑力，因为骗子会给出不低的租金，并且对账号的要求很简单：正常使用一定时间的“活号”、有一定数量的好友数。如果出租者对账号的安全有疑虑，骗子还会承诺“只是修改头像和名称，不发任何消息，只是单纯地加群或者进行投票、点赞，不会对原使用人造成任何影响”。

其实，骗子们会利用租来的账号进行恶意、违法甚至犯罪行为，如垃圾营销、散播不良信息、洗钱等。如果骗子利用账号假扮成“卖茶女”“支教老师”等虚假身份对他人实施欺诈，或者是借着账号为不法机构、网站引流，账号所有者会承担相关法律责任甚至刑事责任。

“租借账号”本质上是网络黑灰产业借普通用户身份实施违法犯罪、逃避监管追踪而布设的陷阱，不仅可能导致个人账号被盗、被封，还有极大的概率会危及他人乃至整个网络空间！所以，同学们在生活中看到任何类似“租售微信”“出租收款码”“借用身份证”等信息都要提高警惕，不要被一些蝇头小利所迷惑。

4. 注销校园贷

“你是不是某某大学的学生？这里是某某金融借条客服，现在国家正在严格整治校园贷，要求注销学生贷款账户，否则将严重影响个人征信，以后就没法贷款买房买车了。”让你注销“校园贷”？这个电话可别信！

校园贷是针对大学生的金融陷阱，在这个行业被大力整治后，“注销校园贷”的骗局悄然而生。针对有注册网贷平台账号或有贷款记录的，骗子声称“根据国家相关政策需要配合注销账号，否则会影响个人征信”；针对无注册网贷平台账号或无贷款记录的，骗子则称“你的身份信息被盗用注册了网贷账号，需要配合注销否则会影响个人征信”。

其实骗子们的手段主要是这三点：

（1）伪装成“贷款平台客服”主动联系。骗子冒充“贷款平台客服”身份，并能准确说出受害者的真实姓名、身份证号码、学校名称，甚至消费记录等，获取受害者信任，进而实施诈骗。

（2）编造理由让你陷入恐慌。骗子利用受害者担心“网贷影响征信”的心理，以“注销网贷账户需先清空信用额度”为由，诱骗受害者进行所谓的“额度清零”操作——即到各大网贷平台，将贷款额度进行全部提现。

（3）转账到账后，立即拉黑。骗子声称“网贷注销后将全额返还”，诱骗受害者将从网贷平台提现的借款全部转入其提供的“清查账户”（即骗子的个人账户）中。受害人转账后，骗子便会将受害人拉黑。

大学生面临的财产安全陷阱还有很多，有的直接针对大学生本人，有的通过老师、同学、家人对大学生实施诈骗，还有的通过大学生诈骗其身边的人。对财产安全问题的防范不能是“查漏补缺”，而应该以预防为主，有方法、有准备地应对可能的财产安全陷阱。

二、端正财产观念，强化财产安全意识

（一）正确的价值观和消费观是抵抗诱惑的关键

大学新生经过高考的苦熬，往往会出现懈怠之心，认为走进大学就可以好好享受一下。其实不然，大学阶段依然需要刻苦努力，并且坚持不懈。作为踏向社会的最后一站，大学的生活不但可以教会你知识和本领，更会教会你一定的社会经验。正是因为大学的校园是一个小社会，那么就会充满着各种各样的诱惑。

一个人在这个世上活着并不仅仅是为自己而活。从一出生开始，每个人就需要担负起该有的责任，何况大学生已经或即将成年。因此，当面对诱惑的时候，大学生不

仅要考虑自己，更要考虑家人，思考自己的选择会不会给家人带来伤害。

君子爱财，取之有道。社会中任何的物质享受，都应该通过自己的努力，在合理合法、符合社会道德的情况下取得。天上没有掉馅饼的好事，好逸恶劳、手高眼低走进的永远都是陷阱。大学不仅仅需要提升学习能力，还是迈向成长、成年、成熟的重要阶段。只有艰苦奋斗和踏实前进，才能承担起相应的责任，获得对应的回报。

（二）面对诱惑时你该如何分辨

正如所有陷阱那样，财产安全陷阱也有它的“诱饵”。这个诱饵可能是金钱收益，如校园贷、刷单兼职、租借账号；也可能是“避免麻烦、损失”，如注销校园贷。如果是前者，校园贷等骗局的特点是诱导你只顾协议中的利益部分，而忽视协议中的风险部分，比如贷款利率、兼职内容、账号具体用途。如果是后者，骗子行骗的关键就是以所谓的“官方来源信息”取得你的信任。只有清楚骗子行骗的方法，才可以对症下药，训练自己辨别相应的诱惑。

以校园贷为例。校园贷之所以屡屡使大学生中招，是因为它审核快、打款快。平台会以“快审核、快拨款”为由索要正常贷款手续外的“私密物品”，例如照片、身份证号，并且承诺贷款还清就归还或销毁它们。但这根本就没有任何法理和事实上的依据，并且校园贷利率过高，大部分贷款学生并没有能力及时还款，最后只能陷入“利滚利”的泥潭里。个别大学生承受不了还款压力，又不敢告知身边的人，甚至会走上歧途。

【案例 1】

北京某高校大三学生范某被发现留下遗书溺亡。在他离世后，家人在他的手机上找到威胁恐吓他还款的信息。范某从 2016 年 7 月开始，从一个名为“速×借”的网络借款平台借了第一笔 1500 元，随后就从另外一家网络借款平台借了 3000 元钱用于归还“速×借”的钱，然后再从另外的借款平台再借出更多的钱用来归还上一笔欠款。除了“速×借”外，他还在“今×客”“哈×米”等网络借款平台上借款。

【案例 2】

由于迷上了网络赌球，某高校大二学生小郑在 2015 年 9 月份、10 月份先后通过某借贷平台共计借款 6 万元，这笔钱利滚利，慢慢地小郑就无力还款了。走投无路之下，小郑偷偷用同学的身份信息去贷款还债。他先后用 28 名同学的身份证借钱，然而，这并没有缓解小郑的还贷压力。同学陆续收到催款电话，直到这时，他们才知道自己的身份信息被小郑用来贷款。最终，欠款像滚雪球一样越滚越大，变成了 60 多万元。小郑不仅要偿还巨额贷款，还面临着来自家庭和同学的压力。各种重压下，他最终以自杀来逃避。

同学们需要注意的是，任何一家正规合法的金融公司在法理上都有一套正规且较为繁琐的借贷审核程序，而且理论上对于借贷人的还款能力都有严格的限制规定。如果你发现钱来得很容易，一定要谨慎对待，对需要签订的借贷合同仔细查看，防止过高利率和霸王条款，遇见不懂的地方及时请教相关的法律人士。

同时，日常的交往中，同学们要保护好自己的个人信息，切勿把自己的身份证随便交给他人使用。因为骗子们用来取信你的“官方来源消息”，很有可能就是你自己不小心泄露出去的。

总之，天上不会掉馅饼，也不会有人主动给你送上馅饼的。作为大学生更应该把自己的重心放在学业和将来的事业上，而非攀比和虚荣，否则受伤的不仅仅是你自己还有你的家人。大学生应当加强自身的责任意识，树立正确的价值观和消费观，向财产安全陷阱说“不”。

第三节　消防安全

疫情常态化的大学生寝室生活，在做好自我防护的同时，要正确使用酒精和 84 消毒液等消毒物品，杜绝混用，存放位置要避免高温，严禁接触火源。

很多人一旦遇到火灾，就会发生一种心理上的慌乱，平时学会的一些逃生方法也给忘了。在遇到火灾的时候，一定不能慌乱，要有顺序地逃生并及时报警。火灾是世界各国人民所面临的一个共同的灾难性问题，造成过不少生命、财产的严重损失。随着社会的发展，社会财富日益增加，火灾损失上升及火灾危害范围也在扩大。

新时代的大学生也应当学习并掌握一些消防知识：火灾基本常识、灭火器基本常识和使用方法、初起火灾扑救方法、人员疏散和火场逃生知识等。大学生凡事从自身做起，从保护自己和同学生命财产安全的角度出发，把防火的意识牢记于心，才能从根本上减少以至杜绝火灾的发生。

一、引发火灾原因

1. 大功率用电器

寝室中，大功率用电器是引发火灾的主要原因，如电茶壶、电炉、热得快、电炒锅等，都是靠电阻值较大的材料发热来获得热量，耗电量高（热得快功率就有 800~1 000 瓦），如果用不配套的电线连接，一通电就会引起电线发热，橡皮绝缘体软化，时间一长，超负荷运转就会使绝缘体老化甚至燃烧，从而引起火灾。

2. 随意使用明火

使用明火主要是指点蜡烛、吸烟、在宿舍里焚烧杂物等。宿舍里放置的物品多为学生的被褥、书籍等易燃物，稍有不慎都能引发火灾。

3. 私拉乱接电源线

学生宿舍内电源线普遍比较乱，容易划破绝缘层造成线路短路或因接触不良发热引起火灾。

4. 用电器长期处于工作状态而无人看管

大学生在宿舍内经常使用电脑、手机、电蚊香器等电器，有的学生图方便，就干脆一直将电器通电，电器长时间发热甚至发烫，热量积累，温度不断升高，最后引发火灾。

二、安全用电常识

（1）使用的插座、电线等必须符合安全质量标准，电器安装符合有关规范。发现破损，及时更换。

（2）电线、插座、风扇、电脑不要安装在床上，以防漏电。

（3）不要在宿舍里使用劣质电器及有安全隐患的电器。

（4）避免使用多用插座，禁止带电接线和带电移动、安装、修理电器，必要时应采取隔离措施。

（5）断落的电线不要用手去拾。

（6）在使用过程中如发现充电器、台灯等有冒烟、冒火花、发出焦煳的异味等情况，应立即关掉电源，停止使用。

（7）有些充电设备使用时间过长会造成险情，出门时，应自觉检查充电器是否处于安全状态。长时间外出前务必拔掉所有充电器，以避免火灾事故的发生。

（8）要避免在雷雨天气的环境下使用带电物品。雷雨天气易使充电器、电插排等遭受雷击，这样不仅会损坏电器，还会发生触电危险。要拔下电源插销。

（9）插座、充电器长期搁置不用，容易受潮、受腐蚀而损坏，重新使用前需要认真检查。

（10）手机、台灯在充电过程中会散发出热量，应注意保持其所处工作环境通风良好，不在过高的环境温度下充电，将其远离纸张、棉布等易燃物品，防止发生火灾。

（11）使用台灯等灯具时，不要在灯罩上或其附近放置易燃物品，如纸片等，容易引起火灾。灯头接触不良、灯头松动、电器线路破损、接头松动等也可能引发火灾。灯具表面温度过高，玻璃壳受热不匀，如果有水珠溅到高热的灯泡上会引起灯泡爆裂，掉下的玻璃碎片或灯丝可能会造成人身伤害或使可燃物起火。台灯必须放在桌面上使用，尽量不要使用床头灯。

（12）手机充电时间过长、边充电边打电话而导致电话机身发热，都属于高危易爆状况。切记离校的时候让最后一个走的同学关闭寝室的所有电源。

三、防患于未然

（1）认真了解寝室楼的结构，掌握寝室楼内基本布局；熟悉消防通道的方向和位置；熟悉楼道内警报铃、消防栓和灭火器等消防设施的分布。

（2）自觉爱护消防设施，不得擅自挪用，也不要乱按楼内的消防报警器等按钮。

（3）安全通道，如走廊、楼梯、安全出入口等要保持畅通，不得停放自行车、堆放任何材料和杂物堵塞消防通道。

（4）熟练掌握各种消防器材的用法，能够在火灾发生的第一时间进行适当自救。

（5）发现火灾，应立即按响就近的警铃，并高声呼叫，报告值班员；听见火警报警器响，不要慌乱，要有秩序地使用最接近的楼梯或安全通道出口离开现场，切勿乘坐电梯；在不懂得消防器材的使用方法或非安全的情况下，不可冒险使用附近的灭火器。

（6）学会保护自己。树立防范意识，掌握安全基本常识，紧急情况下临危不乱；遵守宿舍安全管理制度，服从工作人员管理；遇情况时，请立即找管理人员寻求帮助。

四、如何扑灭初起火灾

火灾刚发生时，火势一般并不很大，只要掌握正确的灭火方法，就能把火扑灭在初起阶段，避免酿成大祸。

（1）发现火灾时，应大声呼救，争取周边人的帮助，同时拨打 119 火警电话报警并迅速报告老师。

（2）在消防人员赶到现场之前，应设法灭火自救。灭火时可就地取材，有灭火器最好，没有灭火器时，也可用沙土、毛毯、棉被等物品覆盖灭火。

（3）着火时不要随便打开门窗，以免空气对流造成火势蔓延。

（4）在有人被围困的情况下，要先救人。

（5）电器着火时，要先切断电源后灭火。

五、自救逃生要诀

1. 逃生预演，临危不乱

每个人对自己学习或居住的建筑物的结构及逃生路径要了然于胸，必要时可集中组织应急逃生演练。

2. 熟悉环境，牢记出口

当处在陌生环境中时，务必留心疏散通道、安全出口及楼梯方位等，以便需要时能尽快逃离现场。

3. 扑灭小火，争分夺秒

当刚发生火灾时，应奋力将小火控制、扑灭；千万不要惊慌失措地乱叫乱窜，置小火于不顾而酿成大灾。

4. 保持镇静，明辨方向

朝明亮处或外面空旷地方跑，要往楼层下面跑，若通道已被烟火封阻，则应背向烟火方向离开，通过阳台、气窗、天台等往室外逃生。

5. 不入险地，不贪财物

应尽快撤离，不要因害羞或顾及贵重物品，而把宝贵的逃生时间浪费在穿衣或寻找贵重物品上。

6. 简易防护，捂鼻匍匐

为了防止火场浓烟呛人，可采用毛巾、口罩捂鼻，匍匐撤离。

7. 善用通道，莫入电梯

发生火灾时，要根据情况选择进入相对较为安全的楼梯通道，千万不要乘普通的电梯逃生。

8. 缓降逃生，滑绳自救

可以迅速利用身边的绳索或床单、窗帘、衣服等自制简易救生绳，并用水打湿，从窗台或阳台沿绳滑到下面楼层或地面，安全逃生。

9. 避难场所，固守待援

首先应关紧迎火的门窗，打开背火的门窗，用湿毛巾、湿布塞堵门缝，或用水浸湿棉被蒙上门窗；其次不停地用水淋透房间，防止烟火渗入，固守在房内，直到救援人员到达。

10. 缓晃轻抛，寻求援助

被烟火围困暂无法逃离的人员，应尽量站在阳台、窗口等较易被人发现和能避免烟火近身的地方。在白天，可以向窗外晃动鲜艳衣物，或外抛轻型耀眼的东西；在晚上，可以用手电筒不停地在窗口闪动或者敲击东西，及时发出有效的求救信号，引起救援者的注意。

11. 火已及身，切勿奔跑

火场上的人如果发现身上着了火，千万不要惊慌失措地乱跑或用手拍打，因为奔跑或拍打时会形成风势，加速氧气的补充，促旺火势。当身上衣服着火时，应赶紧设法脱掉衣服就地打滚，压灭火苗；及时跳进水中或让人向身上浇水、喷灭火剂。

“隐患险于明火，防范胜于救灾，责任重于泰山”。

在大学中，大学生应该自觉承担起校园防火工作的责任与义务，更多地学习和掌握消防知识，遵守各项防火制度，积极参与校园消防工作，使社会形成“人人关心消防、处处注意防火”的群防群治的局面，从根本上减少或避免校园火灾事故的发生。

【安全警示牌】

防盗常识

随着经济的不断发展，当代大学生手中的零用钱越来越多，手机、数码相机、笔记本电脑等一应俱全。这就使社会上不法分子把目光投向高校，甚至有的盗窃团伙专“吃”高校。预防和打击校园盗窃是每个在校学生应尽的责任和义务，增强防盗意识，了解校园内盗窃犯罪的基本情况、规律和特点，掌握防盗的基本常识，是做好防盗、保证安全的基础。

1. 作案时间

（1）开学时，学生带的现金较多，宿舍串门的人多时。

（2）放寒暑假前后及重大节假日，学生忙于复习考试时。

（3）学生上课时。

（4）夏季天热，开门通风时。

2. 大学宿舍防盗

（1）对外警惕防范。

不要随意留宿不知底细的外来人员，对外来推销人员坚决予以拒绝，对形迹可疑的陌生人提高警惕；最值得注意的是，不要随意透露或公开个人信息，对如快递上的个人信息应及时销毁，防止不法分子利用此类信息进行违法犯罪活动。

（2）对自己严加要求。

最后离开宿舍的同学，哪怕只是离开一会儿，也要锁好门窗；睡觉一定要关好门窗，特别是低楼层的阳台的门窗；保管好个人的钥匙，不要随意外借，随意配制；贵重物品要妥善保管，比如租一个小保险箱；对于现金，除了少量零花钱外，其他最好存入银行，银行卡及其密码也要妥善保管。

（3）如何防盗。

某次一同学从老家返校，身上携带了3 000元现金，他不知跟谁说过这件事，第二天晚上他发现自己的钱不翼而飞了。因为他住的寝室楼层低，又在监控之下，可以说是很好找出盗窃者的。同班同学也让他回自己的寝室好好想想最后一次见到现金是什么时候，有没有带出寝室，再好好找找。后来他找到了自己“失窃”的现金，现金在他锻炼之前换下的外套里，而外套又随手扔在了他室友的床上。

虽说是一个乌龙事件，可也说明了在平时，不要随意露富，跟其他人聊天时也要注意，不要把自己的财力都抖搂出来，有意炫耀也好，粗心大意也罢，难免会遭到一些“有心人”的惦记。另外在这手机支付的年代，钱包里永远不要有超过500元的现金，卡也只放一两张就够了。除去每周所必需的消费外，其余的都存入银行，密码不要告诉任何人。

养成随手关门的习惯，不要怕麻烦。特别对于一层楼有很多房间的，如果屋子里没有自己同寝室的人，出门就一定要把门锁上，哪怕只是去个卫生间也不能麻痹大意。虽然可能有些麻烦，但绝对好过因为一时疏忽而导致财物丢失。

住的楼层较低的同学要格外注意，晚上睡觉前以及宿舍的人都外出时，一定要记得把窗户关好扣上窗栓，防止窃贼从窗外爬进来。如果是有防盗窗的，也不要大意，临窗的桌子上千万不能放贵重物品，现在窃贼的工具多样，只需要用一个类似钓竿的东西就能轻易将物品偷走。无人时，窃贼还有可能会锯断防盗栏杆，因此多一个防范措施总是好的。

同时要加强责任心，不要抱着事不关己高高挂起的心态，要将宿舍当成一个集体，有可疑人员进来都要盘问几句，不要觉得不是找自己的就不用去理会。否则就会给盗窃分子可乘之机。

寝室是我家，安全靠大家。也告诫所有的大学生们，安全意识时刻要有，不要让不好的事情发生在寝室，特别是在放长假回家时，一定要确保安全才可离开，避免开学时才发现失去了“所有”。

第四节　出行安全

据有关报道，自从有机动车道路交通事故死亡记录以来，全世界死于道路交通事故的人数已超过3 200万人，近百年来累计死于交通事故的人数已超过两次世界大战中死亡人数的总和。全世界每年有100多万人死于交通事故，其中我国每年就有近十万人死于交通事故。交通事故已成为人类死亡的第五大要因，仅次于心脏病、癌症、突发病（中风）和肺炎。在我们的日常生活中，有许多的突发事故是可以通过努力预防和避免的。事实证明，良好的安全意识、自觉地遵守交通法规、快速灵敏的反应、正确的救护技巧是预防交通事故、最大限度地避免或减轻伤害的有效手段。

【案例】

吉林某高校大三学生王某，眼睛近视，却最喜欢戴着耳机边听音乐边走路边看书，有时候汽车到了他跟前才发觉。有同学曾提醒过他要注意安全，他却当作耳边风。2019年10月的一天下午，他跟往常一样听着音乐、看着书回宿舍，经过一个十字路口时，一辆桑塔纳轿车从他左侧开过来，汽车鸣笛，他丝毫没有避让的意思，结果汽车刹车不及将他撞倒，造成左手骨折，幸好车速不是太快，否则性命难保。

从这个案例中可以看出，该同学不够重视交通安全，注意力分散，终酿成大祸，自食其果。在平时的生活中，大学生要重视交通安全，学习和积累交通安全常识，自觉遵守交通规则，无论在校园内还是校园外，都要做到“眼观六路，耳听八方”，注意力集中，时刻注意来往车辆和行人，学会保护自己的人身安全。

大学生步行或乘坐交通工具外出时，也要时刻要注意交通安全问题，要把自己的生命安全摆在第一位，不能有丝毫的松懈和疏忽。

一、大学生易发生的交通事故主要类型

近几年来，随着车辆数量的剧增，大学生发生的交通事故呈不断上升趋势。大学生在校园内外发生的交通事故类型主要有：

1. 被机动车撞伤、撞死

大学生发生交通事故致伤致死，主要原因是与机动车相撞，其中有的是汽车，有的是摩托车。被撞伤、撞死的大学生有的是在马路上骑自行车，有的是步行横过马路或者在便道上行走，还有的是在车站候车。被撞伤、撞死的大学生，有的要承担一定的责任，如骑车违章带人、闯红灯、逆行，过马路不走人行横道，在校园道路上踢球、拍球、嬉笑打闹等；有些交通事故是机动车驾驶员违章造成的，如学生在非机动车道被汽车撞伤、撞死；学生在绿灯放行的情况下步行通过人行横道，被违章的汽车撞伤、撞死；学生在车站站台候车，被酒后驾车者撞伤、撞死；学生在校园内人行便道上行走，被违章汽车撞伤、撞死等。

2. 乘坐汽车发生事故致伤、致死

大学生因乘坐汽车发生交通事故的情况偶有发生，有时甚至造成群死、群伤事件，教训十分惨重。造成大学生群死、群伤的交通事故大多与学生因集体外出旅游有关。有的学生自行租用车辆外出旅游，有的乘坐旅游公司的车辆旅游，途中发生交通事故，造成多人伤亡。有的大学生出行时疏忽安全情况，贪图方便乘坐“黑车”，而“黑车”往往不按规定行驶从而引发事故，造成乘客受伤甚至死亡。

3. 驾驶机动车违章发生交通事故致伤、致死

有些拥有驾驶证的大学生驾车的时间短、经验少，遇到紧急情况时，缺乏处理经验，容易手忙脚乱，发生事故。大学生违章驾驶机动车发生交通事故致伤、致死是近年来出现的新情况。有的学生醉酒后驾驶小汽车，致使车辆翻到路边沟里，造成驾驶人和乘车人死伤。还有的学生无证驾驶无牌照摩托车，并且在后座上带人，因驾驶技术不过关，致使发生事故，并造成乘车人死伤。

4. 被非机动车撞伤

这种情况大多数发生在校园内，大学生被骑自行车的人撞伤，而肇事者大多又是大学生。有的大学生在校园内随意骑车，认为校园内没有红绿灯，可以不分左右行道，骑快车，结果发生交通事故。

二、大学生常见交通事故的原因分析

近年来，随着社会的发展，高校办学规模的不断扩大和师生生活水平的提高，高校内机动车数量明显增加。校园周边机动车和非机动车车辆密集，行人、自行车、机动车争道问题严重，而交通安全意识薄弱、交通标志标识欠缺、交通管理空白、外来车辆漠视校园规章制度等交通问题依然突出，造成师生交通安全事故增多，轻者受伤，重者死亡。据有关统计，四川省高校及周边发生的大学生交通事故每年有 400 余起，师生生命健康和财产安全受到威胁。交通部门的官员指出，大量事实表明，目前我国正处在交通事故的多发期，造成交通事故的原因十分复杂，是人、车、路、环境、管理、法制等多种因素共同作用的结果。

进一步分析大学生发生交通事故的原因，可以将其归纳为主观人为因素和客观环境因素两个方面。主观人为因素包括思想麻痹、安全意识淡薄和交通安全知识缺乏、遵守交通规则的自觉性差、驾驶人员操控不当等；客观环境因素包括道路、交通设施等交通条件落后，车辆的机械性能差，以及法律不健全、处罚力度不够等。大学生应从自身主观因素上下功夫，主动学习交通安全知识，自觉遵守交通法规，尽可能地预防和规避交通事故的发生。大学生发生交通事故的原因主要有：

1. 安全意识淡薄、思想麻痹

校园内发生交通事故的主要原因是安全意识淡薄和思想麻痹。许多大学生刚刚离开父母和家庭，缺乏社会生活经验，交通安全意识比较淡薄，同时有的同学思想麻痹，存在着在校园内骑车和行走比公路上安全的错误认识，一旦遇到意外，发生交通事故就在所难免。主要表现为以下几种情况：

（1）注意力不集中。这是最主要的形式，表现为行人在走路时边走路边看手机边听音乐，或者左顾右盼、心不在焉。

（2）在路上进行球类活动。大学生精力旺盛、活泼好动，即使在路上行走也是蹦蹦跳跳、嬉戏打闹，甚至有时还在路上进行球类活动，更是增加了发生事故的危险。

（3）骑“飞车”。一般高校校园面积都比较大，宿舍与教学楼、图书馆等之间的距离比较远，许多大学生购买了自行车，课间或下课时骑自行车在人海中穿行是大学的一道风景线。但部分学生骑车技术也实在“高超”，居然能把自行车骑得与汽车一般快，殊不知就此埋下了祸根。

2. 交通安全知识缺乏

在各个大学中普遍存在这样一种情况，有许多大学生只注重学校规定需要考试的几门课程的学习，而很少主动学习和关心其他知识，更不用说交通安全知识，甚至于有同学连基本的交通安全常识都不甚了解。而学校方面也没有专门将交通安全方面的课程列入正常教学计划中，大学生只能被动地从保卫部门的提醒中获得这方面的知识。交通安全知识薄弱和自我防范能力较差是大学生外出时容易发生交通事故的主要原因。大学生空闲时需要进行购物、观光、访友等校外活动，这些地方车流量大、行人多、各种交通标志眼花缭乱，与校园相比交通状况更加复杂，若缺乏通行经验，发生交通事故的概率就比较高。

某重点大学一位男生邹某，双休日与几个同学上街。街上车辆川流不息，行人熙熙攘攘，过了一会儿时间邹某与同学掉了队。正当他着急四处张望时，同学在马路对面大声叫邹某的名字，他就慌忙朝马路对面跑过去，此时一辆大卡车飞驰而来，将其撞倒并从他身上碾压过去，邹某付出了生命的代价。

3. 遵守交通法规的自觉性差

有些大学生在日常学习和生活中没有养成良好的自觉遵守规矩的习惯，自制能力和自觉性较差。在过马路时，有些大学生抱着“只为图一时之快，不愿意多走一步”的心理，经常做出不走斑马线、人行道等违反交通规则的事情。难怪曾经有一位大学校长说，少数大学生书读得越多，越不会走路，遵守交通规则的意识越淡薄，不仅在校园里乱骑车、乱停车，在马路上违反交通规则也时有发生。

某高校放暑假后，七位同乡的学生约好乘一辆车回家。途中经过一个汽渡码头，按安全管理规定汽车过汽渡，乘客必须下车。但车上乘客认为上车下车麻烦，就没有下来，司机见他们都不想下来也没有再坚持。汽渡船离岸后，由于江面上风大浪急，加上汽车手动制动不灵、车轮下又没有塞三角枕木，停在尾部的汽车从汽渡船上滑入江中。车上45名乘客，25人死亡，3人下落不明，只有17人获救，七位学生无一生还。

4. 驾驶人员操控不当

近年来，私家车数量猛增，大量初考驾照者上路，成为诱发交通事故的又一大因素。由于新手驾驶经验明显不足，遇到紧急情况，往往惊慌失措，因操控不当而容易引发交通事故。

某高校一女教师驾驶小型机动车去学校上课，当车子开到校门口时，操作不当，错将油门当刹车，汽车在发动机强大动力的作用下，一下子撞上了正在行走的该校一名女生，直将其顶到路旁边侧石才停住，被撞女生抢救无效死亡。

5. 校园道路、交通设施等交通条件落后

近年来，大学校园面积增加不大，校园道路变化不大，但是，在校生增长了一倍多，校园内私家车增长了数十倍，每天进出校园的社会车辆很多，人车抢道现象普遍，校园内交通安全形势严峻。校园道路需要适当拓宽和改造，交通标志、标线有待完善，交通设施设备亟待改善，杜绝视觉盲区，以及消除其他可能引发交通事故的隐患。

6. 车辆的机械性能差

现在上路的各类机动车品牌众多，质量各异。有些车辆因出厂年限较长和没有及时保养维护，车况较差，制动不灵，遇到紧急情况，往往容易出事。

大学生交通安全的概念与交通事故的危害

交通安全是指不发生交通事故或少发生交通事故的主观条件，即指交通参与者要严格遵守交通法规，提高警惕，不因麻痹大意而发生交通事故。大学生交通安全是仅指大学生在校园内和校园外出行时所发生的人身安全。行人、车辆、道路是交通安全三要素，三者协调一致才能保障交通安全。有时一个小小的意外，就会造成严重后果，断送美好的前程，甚至生命。

三、大学生常见交通事故的预防

大学生不管是在校内还是校外，不论是行走、骑车，还是乘车、开车，发生交通事故最主要的原因是思想麻痹、不遵守交通法规，缺乏交通安全常识，自我保护意识淡薄。遵守交通法规是保证交通安全最起码的要求。若缺乏交通安全意识，很容易带来生命之忧。学校应及时开展道路交通安全的宣传和教育，完善对学生的教育、宣传等源头管理机制。为了预防交通事故，大学生要做好以下几点：

1. 必须认真遵守交通法规

交通法规是总结大量交通事故血的教训才产生的。它是人们交通安全的基本保障。只要自觉遵守交通法规，就会少发生或不发生交通事故。相反，如果不遵守交通规则，存有侥幸心理，甚至明知故犯，如违章驾驶、骑车带人、逆行、闯红灯、行人不走人行横道和过街桥等，就非常容易发生交通事故。

2. 必须掌握基本的交通安全知识

了解道路通行条件中的交通信号灯、交通标志、交通警察指挥手势的含义；道路通行中的机动车、非机动车、行人和乘车人的一般通行规定以及高速公路的特别规定；交通事故处理中的保护现场、抢救受伤人员、报警、交通事故的调解和诉讼以及向保险公司的理赔等方面的知识。

3. 必须增强自我保护意识

由于他人、特别是机动车驾驶员的过失，结果造成了大学生无辜被撞伤、撞死，这样的教训是十分惨痛的，因此必须增强自我保护意识，要警惕和防止由于他人的过失对自己造成伤害。出行时要集中精力，不仅要瞻前，而且要顾后，眼观六路，耳听八方；发现违章的车辆向自己驶来，要主动避让，防止伤害到自己；不开车况不好的车上路，开车不超速，与前车保持安全距离；遇到路况复杂、天气不好的情况，要处处小心，及时避让，以免受到意外伤害。

4. 积极参与道路交通安全的宣传和教育

学校作为大学生的管理者，应设立交通安全宣传栏，利用校园广播、网络传播交通安全知识等形式，广泛开展交通安全宣传教育活动。安排一定课时的交通安全讲座，会同交警部门一起宣讲交通法律知识和安全知识，促使学生知法、守法。大学生应积极参与，加强培养自身交通道路安全意识。

四、发生交通事故的处理办法

在发生交通事故后，第一时间报案和及时施救，对伤员的采取正确救护措施，可以最大可能地挽救生命和减少损失。

1. 及时报案

无论在校外还是在校内，一旦发生交通事故，首先要及时报案，以便事故的公正处理，千万不能与肇事者“私了”。若在校外发生交通事故除及时报案外，还应该及时与家人、学校取得联系。

2. 协助医疗救护

当发生造成人身伤亡的交通事故时，车辆驾驶人应当立即协助抢救受伤人员。

3. 保护现场

事故现场的勘查结论是划分事故责任的依据之一，若现场没有保护好会给交通事故的处理带来困难，造成“有理说不清”的情况。切记，发生交通事故后要保护好事故现场的认识。

4. 在保护好自己的情况下可以协助控制肇事者

若肇事者想逃脱，大学生在能保证自身安全的情况下，可以设法控制，也可以发动周围的人帮忙控制，若实在无法控制可以记住肇事车辆的车辆牌号等特征。

第五节　遭遇地震时的自我保护

地震又称地动、地振动，是地壳快速释放能量过程中造成振动，其间，会产生地震波的一种自然现象。全球每年发生地震约五百五十万次。地震可能造成严重人员伤亡，能引起火灾、水灾、有毒气体泄漏、细菌及放射性物质扩散，甚至海啸、滑坡、崩塌、地裂缝等次生灾害。近年来中国也多次发生地震，四川的“5·12”汶川地震以及“4·20”雅安地震，都极大地破坏了人们的生活。

一、地震的预兆

（1）在大地震发生前的瞬间，往往有地声、地光和地面微动，先于强震动 12 秒钟左右出现于地表，作为大震即将来临的预警信号。

（2）地下水包括井水异常，有发浑、冒泡、翻花、升温、变色、变味、突升、突降、井孔变形、泉源突然枯竭或涌出等现象。

（3）许多动物的某些器官感觉特别灵敏，它能比人类提前知道一些灾害事件的发生。伴随地震而产生的物理、化学变化（振动、电、磁、气象、水氡含量异常等），往往能使一些动物的某种感觉器官受到刺激而发生异常反应。

二、经常发生地震的地区的准备措施

（1）家庭成员平时要熟悉地震知识，掌握基本的地震知识，震前震后都不要听信和传播谣言。

（2）发布地震预报后，应准备好食物、水、手电筒、毛巾、简便衣物、塑料布和简易帐篷、收音机、呼叫机等，对煤气、水电开关等做好关闭的应急准备。

（3）易燃易爆、剧毒物品不易放在室内，要妥善安置。较高家具上不堆放笨重物品。房屋正门、楼道、走廊内不堆放杂物，以利人员疏散。

（4）发布地震临震预报后，家庭成员都要听从当地政府的指挥，按指定地点和路线疏散。

三、发生地震时应该怎么办？

（一）家庭避震

1. 逃生方法

（1）冷静判断。地震发生时，最重要的是要有清醒的头脑。只有保持镇静，才有

可能运用平时学到的地震知识判断地震的大小和远近。

记住：近震常以上下颠簸开始，之后才左右摇摆。远震却少上下颠簸感觉，而以左右摇摆为主。

（2）就近躲避。地震时是跑还是躲？我国多数专家认为：地震时就近躲避，地震后迅速撤离到安全地方，是应急避震较好的办法。发生地震时，如没有条件迅速撤离到室外，则不要急着往外跑，而应抓紧求生时间寻找合适的避震场所。

（3）选择合适避震空间。室内房屋倒塌后形成的三角空间，往往是人们得以幸存的相对安全地点，可称其为避震空间。这主要是指大块倒塌体与支撑物构成的空间。

室内较安全的避震空间有：承重墙墙根、墙角、坚固家具附近、厨房、厕所、储藏室等开间小的地方，以及有水管和暖气管道等处。

屋内最不利避震的场所是：没有支撑物的床上；吊顶、吊灯下；周围无支撑的地板上；玻璃（包括镜子）和大窗户旁。

（4）做好自我保护。选择好躲避处后应蹲下或坐下，脸朝下，额头枕在两臂上；或抓住桌腿等身边牢固的物体，以免震时摔倒或因身体失控移位而受伤；保护头颈部，低头，用手护住头部或后颈；保护眼睛，低头、闭眼，以防异物伤害；保护口、鼻，有可能时，可用湿毛巾捂住口、鼻，以防灰土、毒气。

（5）摇晃时立即关火，失火时立即灭火。更不能随便点明火，因为空气中可能有易燃易爆气体。

2. 平时家庭防震的准备工作

（1）对大衣柜、餐具柜橱、电冰箱等做好固定，防止倾倒。

（2）注意家具的摆放，确保安全的空间。不要将电视机、花瓶等放置在较高的地方。

（3）充分注意煤油取暖炉等用火器具及危险品的管理和保管。

（4）装修房子时绝对不可以砸掉承重墙。要加固水泥预制板墙，使其坚固不易倒塌。

（二）户外避震

就地选择开阔地避震：蹲下或趴下，以免摔倒；不要乱跑，避开人多的地方；不要随便返回室内。

避开高大建筑物或构筑物：楼房，特别是有玻璃幕墙的建筑；过街天桥、立交桥；高烟囱、水塔。

避开危险物、高耸或悬挂物：变压器、电线杆、路灯、广告牌、吊车等。

避开其他危险场所：狭窄的街道、危旧房屋、危墙、女儿墙①、砖瓦及木料等物的

① 女儿墙又名孙女墙，指建筑物屋顶周围的矮墙。

堆放处。

（三）学校避震

日本的《地震手册》避震知识中，第一条就明确地写着“要躲在坚固的家具下”。所以，日本教师坚信，最好的办法是“藏在桌下”。但是，这个想法是以日本地震多在数十秒后结束，天花板不会落下为前提的。

建筑物、天花板因强震倒塌时，会将课桌等压毁，如果躲在桌子下，后果不堪设想。

在教室里，应迅速躲到教室的四个角落，或迅速就地蹲下，用书包、书本等保护头部。

在操场或教室外时，可原地不动蹲下，双手保护头部，注意避开高大建筑物或危险物。地震后不要回到教室去。千万不要跳楼！不要到阳台上去！不可躲在窗户下！

（四）行驶中的车辆避震

驾车者应尽快减速，逐步刹车，汽车靠路边停车。

发生大地震时，汽车会像轮胎泄了气似的，无法把握方向盘，难以驾驶。必须充分注意，避开十字路口将车子靠路边停下。为了不妨碍避难疏散的人和紧急车辆的通行，要让出道路的中间部分。

要赶快离开车辆。很多地震时在停车场丧命的人，都是在车内被活活压死的，而在两车之间的人，却毫发未伤。强烈地震发生时，如果你正在停车场，千万不要留在车内，以免垮下来的物体压扁汽车，造成伤害；应该以卧姿躲在车旁，掉落的物体压在车上，不致直接撞击人身，可能形成一块“生存空间”，增加存活机会。

为不致卷入火灾，请把车窗关好，车钥匙插在车上，不要锁车门。

在火车上应用手牢牢抓住拉手、柱子或座席等，降低重心，躲在座位附近。并注意防止行李从架上掉下伤人，面朝行车方向的人，要将胳膊靠在前座席的椅垫上，护住面部，身体倾向通道，两手护住头部；背朝行车方向的人，要两手护住后脑部，并抬膝护腹，紧缩身体，做好防御姿势。

（五）搭乘电梯时的避震

在搭乘电梯时遇到地震，将操作盘上各楼层的按钮全部按下，一旦停下，迅速离开电梯，确认安全后避难。高层大厦的电梯，一般都装有管制运行的装置。地震发生时，会自动地动作，停在最近的楼层。

万一被关在电梯中的话，请通过电梯中的专用电话与管理室联系、求助。

（六）震后自救

地震时如被埋压在废墟下，周围又是一片漆黑，只有极小的空间，一定不要惊慌，要沉着，树立生存的信心，相信会有人来救你，要千方百计保护自己。

要保持呼吸畅通，挪开头部、胸部的杂物，闻到煤气、毒气时，用湿衣服等物捂住口、鼻；避开身体上方不结实的倒塌物和其他容易引起掉落的物体；扩大和稳定生存空间，用砖块、木棍等支撑残垣断壁，以防余震发生后，环境进一步恶化。

尽量保存体力，用石块敲击能发出声响的物体，向外发出呼救信号，不要哭喊、急躁和盲目行动，这样会大量消耗精力和体力。

如果被埋在废墟下的时间比较长，救援人员未到，或者没有听到援救信号，就要想办法维持自己的生命，尽量寻找食品和饮用水。

（七）紧急避险

经验表明，破坏性地震发生时，从人们发现地光、地声，感觉有震动，到房屋破坏、倒塌，形成灾害，有十几秒，最多三十几秒的时间。这段极短的时间叫预警时间。人们只要掌握一定的知识，事先有一些准备，又能临震保持头脑清醒，就可能抓住这段宝贵的时间，成功地避震脱险。

有人调查过唐山地震幸存者中的974人，发现其中258人采取了避险措施。这258人中有188人成功脱险，占72.9%。这说明只要避险方法正确，脱险的可能性是很大的。

破坏性地震突然发生时，只有几秒到十几秒时间，采取就近躲避，震后迅速撤离的方法是应急避险的好办法。震波的间歇是最佳的逃生时机。

地震是一种危害极大的自然灾害。我国是一个多地震的国家，发生在我国境内的地震具有频率高、强度大、震源浅及分布广等特点。因此，我国是世界上地震伤亡人数最多的国家之一。

在党和国家的重视下，我国的地震预报工作经过几代人的努力，已居于世界先进行列。但由于地震是一种十分复杂的自然现象，地震预报仍处于探索阶段，带有一定的经验性和局限性。因此，减轻地震灾害必须走综合防御的道路。其中，搞好防震减灾宣传、普及地震科学和防震抗震知识、提高全民防灾意识是一项十分重要的工作。

生命只有在安全中才能永葆活力，幸福只有在安全中才能永具魅力。安全构筑了我们美好的家园，成为连接亲朋好友的纽带。在安全的问题上，来不得半点麻痹和侥幸，在安全的问题上，我们必须要防范在先、警惕在前，认真学习防范救助知识。

成长篇

经过大学的洗礼，找到主动学习的自驱力，理解到生活幸福感的真正来源，拥有一种面对未来的勇气。这就是大学里最美好的成长。

第八章 学会与不同的人交往

■本章导读

大学是人际关系走向社会化的一个重要转折时期。踏入大学，就会遇到各方面的人际关系：师生之间、同学之间、同乡之间，以及个人与班级、学校之间的关系等。应该如何改善人际关系，如何增进人际交往，大概是每个大学生迫切需要解决的问题。

学会与不同的人交往，拥有良好的人际关系，不仅意味着大学生在校园内的健康成长，同时也为今后走向社会、进行角色转换、进一步社会化做必要的心理和行动上的准备。

第一节 相逢即是缘分

一、人际交往是大学生自身成长的需要

人际交往是人的一种本能行为，任何人都需要与他人进行交往从而获得心理上的满足。大学生正处于个性成熟期，正常的人际交往对于了解和丰富自我，促进身心健康是很重要的。美国人本主义心理学家马斯洛提出的需要层次理论把人类需要由低级到高级按序排列为：生理需要、安全需要、交往需要、尊重需要、自我实现需要，其中交往需要、尊重需要、自我实现需要是人类所独有的。交往需要是指一个人愿意与他人接近、合作、互惠，并发展友谊的需要，它是精神需要的重要内容。

在大学生个人成长过程中，与人交往的需要是很迫切的。人际交往是个体心理正常发展的必要条件。处于青年期的大学生希望被人接受、理解的心情尤为迫切。德国学者斯普兰格说："在人的一生中，再也没有像青年时期有那样强烈地渴望被理解的愿望。"

二、人际交往是大学生社会化过程中的重要组成部分

人是社会的人，相互交往是必然的。人际交往是大学生社会化过程中的重要组成部分。人要想在社会中生活，就必须学会适应环境，学习社会长期积累起来的知识、技能和行为规范，掌握处理人与人之间关系的本领，获得发展自己的机会。

随着个体年龄的增长，这个社会化由外化教化转为个体内化，而内化的几种形式（模仿学习、主观认同、认识加工、角色扮演）是离不开实际活动的，也离不开人与人交往的。有些大学生在人际交往中存在缺陷与偏差，不能正常交往，是不能很好实现个体社会化的。

诸如大学毕业后，有的大学生在工作中茫然不知所从，不懂得如何与人交往，有的大学生感到社会很陌生，难以适应等，结果造成心理上的一些障碍。大学生不但要把书本上的东西放到生活中检验，还要从生活中学到好多书上学不到的东西，与更多的人正常交往，很好地适应社会、改造社会、健全自身。

美国社会心理学家巴克说："人离不开人，他要学习他们、帮助他们、支配他们，总之，人需要与其他人在一起。"人际交往在历史发展中起着十分重要的作用，在个体社会化中占重要地位。现代社会对人的交往能力要求愈来愈高，人际交往能力已成为现代人才的重要素质之一。大学生只有参与到活动中，与人正常交往，才能发展自己的社会化。

1. 与大学室友交朋友

大一开学，大学生纷纷背负着父母收拾得满满当当的行囊，走进了一个即将属于自己的、布局整齐的房间，也许它不过是大学生放学、踢球、聚会归来倒头就睡的地方，也许它是大学生静心学习、挑灯夜战的自习室，也许是大学生漫漫旅途中仅有数名观众的首场个唱现场……

也许有的室友勤劳淳朴、乐于助人；也许有的室友长发披肩、喜欢斜挎画板独来独往，总能赚得"秋波"无数；也许有的室友只看韩剧，而且疯狂迷恋外表帅气、既冷酷又细心的男主角；也许有的室友活泼爽朗、酷爱运动……听起来似乎是件很新鲜和令你兴奋的事。

但现实并不总是如想象的那么美好。大学生进入校园可能遇到非常好的室友，他讲究卫生，能安排好寝室的清洁工作，让寝室多次被评为优秀卫生寝室；她喜欢植物，

在阳台养的多肉能让你赏心悦目，也能让寝室空气清新。但大学生也可能遇到很头疼的室友，他酷爱热辣劲爆的音乐，还总是把声音开得震天响，打扰其他同学的休息；有的室友成天吸烟，搞得寝室乌烟瘴气。有时室友之间可以心平气和地交谈，沟通解决办法；有时有些脾气上来了直接怒骂，甚至大打出手。当然，每个人也可能有令室友无法忍受的习惯。

其实，更多的时候，只需要双方做出一些让步，试着适应，就能和谐地相处。因为性格不同的人在一起不可能是完全合拍的，但也不会像油和水一样难以融合。更多的时候，大家还是会相互尊重、相互理解，最终和睦地相处在一起。“木匠调木，智者调心”，适当的妥协和让步并不意味着随波逐流或者世故圆滑；相反，和志同道合的朋友住在一起，会让你更有信心去结识更多的人、挑战更多的困难。所以，甩开顾虑，大胆地去结交你的室友吧。如果成功，你将得到一个终生的朋友；如果不顺利，那也只是暂时的。当你逐渐接纳了新的寝室、新的室友，也相当于你又一次成功地战胜了自我。

这时的你也可能是意气风发的。自我介绍的时候，你发现大家都喜欢同一支球队。呵呵，球迷幸会！室友因此慷慨地拿出一个咸鸭蛋给你吃，虽然你不爱吃，还是颇感动地接受了，毕竟以后是哥们了！话题一打开，晚上的卧谈会就这样顺利揭幕了。大家七嘴八舌地谈论最流行的球星，谈论家乡最馋人的小吃，谈论年轻到被自己误认为是同学的辅导员老师……

虽然是住校第一晚，但你睡得很踏实，因为你对未来的新生活充满了信心，决定尽快融入新寝室中去……

2. 遇到糟糕室友怎么办？

假想一下最糟糕的状况：你非常讨厌你的室友，你发觉你们之间有不可调和的矛盾，目前的关系紧张到一触即发。接下来，你应该怎么办呢？

“我同寝室的人不和！我快疯了！她们三个集体孤立我，当我是空气，我晚上想起要回寝室就难受。”

“她常常说脏话，一点素质都没有，而且现在因为我们不理她，她都有点不正常了，晚上回来还要先在寝室门口听听我们是不是在说她坏话，然后才开门进来。老师，我们现在只求您把我们三个调出去，行吗！”

故事中的寝室室友之间的矛盾似乎已经不可调和了，都在倾诉着自己的“一把辛酸泪”。其实，事情并没到这么严重的地步。退一步海阔天空。在咨询老师的开导后，被排挤的那位同学决定再试一次，虽然这步很难迈出。

中秋那天，她偷偷地给那三位同学买了黄玫瑰，分别附上一张写满祝福的心型卡片，并署上了自己的昵称（开学第一天晚上的卧谈会里，大家就都记住了），然后，趁她们不在的时候，悄悄地放在她们桌上。

可那天晚上，她们三个人居然反应冷淡，仍然没有和她说一句话。

第二天，她跑到咨询老师那儿，伤心地哭起来。

然而，等她再回到寝室的时候，发现三位室友开始有意无意地和她搭讪了。在以后的日子里，开始天天叫她起床，上课前要等她一起去教室了……

她发自内心地对自己说："啊，世界多么美好！"

所以，多点尊重，多点宽容，多给别人机会，时间和真诚会破解人与人之间的坚冰。多点耐心，你会发现事情并非你想象的那么糟糕，你的室友也没有你想象中的那么不可理喻。给别人机会，就等于给自己机会。在这段时间里，你会有很多收获，关于宽容，关于责任，关于真诚，关于人与人之间最可贵的友情。

【成长感悟】

关于社交的心得体会

一位哲人说的好："一个没有交际能力的人，犹如陆地上的船，是永远不会漂泊到壮阔的大海中去的。"在学习生活中，面对同学老师，我们应该怎样来把握关系的尺度呢？五湖四海的人，由陌生到熟悉，这就是一个人际交往的过程。我觉得人与人之间的相识是一种缘分，大家通过沟通接触，相互了解，相互认识来建起人与人之间的友谊之桥。也许是一句简单的问候，也许是一个浅浅的微笑，都能使你被对方吸引，这就是所谓的人际交往因素。威廉·詹姆斯有言，"人类本性最深的需要是渴望得到别人的欣赏。"不同的人际关系会引起人的不同情绪，心情舒畅或不愉快，只有积极与之交往，才能更好地建立人际关系。

说到集体，就会想到个人，一个人不是孤立存在的，他需要朋友。朋友，是你身边值得信赖的人，班上的同学，寝室的室友，都是朝夕相处的人，学会信赖他们，有利于迈出友谊的第一步。可是毕竟人无完人，每个人都会有各自的一些缺点，经过长时间的相处，这些缺点都会显现出来，大学生要学会宽容，谅解他人，好的人际交流会加深人与人之间的友谊和信任度，形成和谐的氛围。我很开心，自己来到这个新环境，认识到许多新朋友，他们或许和你性格不同、爱好不同，可我们有相同的学习目标、共同的前进方向，他们是我在这大学里要一起共度三年的人，我喜爱他们，真诚对待、相互理解，接纳、信任，将会使我们相处得更好。

所以对此人际交往能力就显得特别的重要。人际交往的核心部分：一是合作，二是沟通。培养交往能力首先要有积极的心态，理解他人，关心他人，日常交往活动中，首先要主动与他人交往，不要消极回避，要敢于接触，尤其是要敢于面对与自己不同的人，不要害怕彼此出身、相貌、经历之间的差异，不要因来自边远的地区、相貌不好看或者经历不如别人而封闭自己。其次要从小做起，注意社交礼仪，积少成多。再次要善于去做，大胆走出校门，消除恐惧，加强交往方面的知识积累，在实际的交往生活中去体会，把握人际交往中的各种方法和技巧。另外，要认识到在与别人的交往中，打动人的是真诚，以诚交友，以诚办事，真诚才能换来与别人的合作和沟通，真诚永远是人类最珍贵的感情之一。

我们可以从以下两个方面各个击破：

（1）良好表达能力的培养。

社交中受人欢迎、具有魅力的人，一定是掌握社交沟通表达技巧的人。社交沟通表达的基本技巧表现在适时、适量、适度三个方面。

一要适时。说在该说时，止在该止处，这才叫适时。可有的人在社交场上该说时不说，他们见面时不及时问候，分手时不及时告别，失礼时不及时道歉，对请教不及时解答，对求助不及时答复。反之，有的人该止时不止，他们在热闹喜庆的气氛中唠唠叨叨诉说自己的不幸，在别人悲伤忧愁时嘻嘻哈哈开玩笑，在主人心绪不安时仍滔滔不绝发表宏论，在长辈家里乐不可支地详谈“马路新闻”。请设想一下，假如你在社交中遇见了上面这种人，你会对他产生什么样的印象呢?

二要适量。适量的社交口才还包括声音大小适量。大庭广众之中说话音量宜大一点，私人拜访交谈音量宜适中，给人一种亲切感。这些都是在社交场合与人交谈应该掌握的技巧。

三要适度。主要是指应根据不同对象把握言谈的深浅度，根据不同场合把握言谈的得体度，根据自己的身份把握言谈的分寸度。另外，体态语也要恰到好处。

（2）解决问题能力的培养。

处理日常学习生活的各种问题，是我们最重要的责任。但是，当问题接踵而来，而且复杂度不断升高的同时，如何系统地找出问题的成因，对症下药，以最有效率的方式解决问题，就是考验我们解决问题能力的时候了。

找到合适的方法培养我们的人际交往能力，促进我们自身的人际关系。让那些在生活、学习、工作中，不愿交往、不懂交往、不善交往的同学，塑造自身形象，以积极的态度和行为对待人际交往，建立和谐的人际关系。为提高中国大学生的基本能力做出一份贡献。

第二节　君子和而不同

君子和而不同的意思是：君子在人际交往中能够与他人保持一种和谐友善的关系，但在对具体问题的看法上却不必苟同于对方。

在大学里，家庭背景、成长环境、价值取向、生活习性各不相同的学生们聚在一起，共同生活学习。所以显而易见，两个都习惯早睡早起、注重寝室卫生的人同居一室，就会比较融洽。但是，事情并不一定总是尽如人意：她怎么总是六点就起床读英语呢？他怎么从不冲厕所呢？他怎么从不洗他的床单呢？她为什么一洗衣服就把寝室弄得像水漫金山一样呢？……

如果你已经遇到了这样的情况，先平静下来吧，因为上天又给了你一次考验自己的机会。尝试把今天看来似乎不能接受的人或事，看成是对明天必须面对和处理的难题的实战演练吧。退一步来说，如果你真的觉得你遇到了生平最不喜欢的人，而你竟然学会了和那样的人相处，那么将来，你还有什么样的人不能应付呢？

2003 年 9 月，北京大学法学院新生欢迎会上，院长朱苏力给同学们做了《这一刻，你们是主角》的致辞。他告诫同学们，一定要学会面对各种各样的陌生人，同你喜欢或不喜欢的、行为古怪甚至居心叵测的人合作，包括某些时候的不合作，而不能按地域、学历、家庭或其他因素来选择；因为你喜欢“熟悉”，但你必须更多面对“陌生”，这意味着持久的学习。

美国的一位著名教育家也指出，大学生活的一个重要功能是促进学生对人与人之间差异的容忍、理解和接受。同学之间的生活习惯、家庭背景、思想观念等方面可能存在巨大差别，学会容忍乃至欣赏差异，对良好人际关系的形成和发展非常重要。从互不相识到建立友谊需要经历一个过程，应做好磨合的思想准备。而维持成熟稳定的人际关系则需要信任和真诚的沟通，以及“穿着别人的鞋子走路”的换位思考能力。这是大学生磨炼心志的一个重要方面。

费孝通先生在他的 80 岁寿辰聚会上留下了 16 字箴言——各美其美，美人之美，美美与共，天下大同。这可以算是对“君子和而不同”最好的阐释了。

或许你是一个循规蹈矩、脚踏实地的学生，你喜欢在寝室里悠闲自得地看书，喜欢在灯下写点随性的文字，你不爱球类、不爱游戏、不爱打扑克，对于室友的邀请，你每次都婉言谢绝。时间一长，他们不再邀请你参与，而是干脆在寝室摆开阵势。你开始觉得自己和他们不是一路人，无法走到一起。

其实不必过于担心，在大学里或任何场合，天天在一起的未必能成为好朋友。如果你确实不喜欢那样的娱乐，与其在寝室里看着别人玩，还真不如去外面转一转。例如多串串其他寝室，结识几个志同道合的朋友，多泡泡图书馆、自习室，多参加一些社团活动、社会实践等。如果你每天都能积极地思考，充实自己的课余生活并有所收获，等到进入社会时，展现在你面前的将是截然不同的一片天。

在大学，不可避免的都得集中住宿，并且你的舍友可能来自五湖四海，语言沟通自然不是问题，但生活习性却有诸多差异。这要求你们必须学会理解、尊重、包容他人。

出门在外，舍友、同学便是你的亲人、你的兄弟姐妹。几个同学同住一室，总是难免会有些磕磕碰碰，你要注意与人相处、沟通和交流的方式，竭力营造一个良好的宿舍氛围。宿舍不和谐，既影响心情又影响生活质量，更会影响你们的学习。关于舍友之间的相处，不要求大家“宰相肚里能撑船”，但至少不应该斤斤计较，对身边人过于苛刻，凡事大度一些，心情自然好，生活自然好！

一、新生交友之道

1. 主动交友

不要总想着别人主动来找你，要把握第一时间主动去结识新同学。

也许你是个很内向的人，十分在意别人对自己的看法。因此，你常常暗自揣测：他们会不会觉得我发型老土？我脸上的痘痘一定很显眼吧？我会不会给他们“书呆子”的感觉？

其实，入校伊始，有很多新鲜事等着同学们去了解，每个人都有自己的事情要处理，没有太多的时间去关注和结识新朋友，更不会想当然地对你妄加评判。记住，你不会是唯一一个搬进新寝室感到不适和不安的人。所以不妨大方一点，把握第一时间，主动去结识你将要朝夕相处的新朋友。

刚进新寝室，你的面前有一大堆你带来的物品，你不熟悉你的室友，也不认识门外拖着行李箱上楼下楼、来来往往的陌生人。但是这样的情况不会持续太久。设想一下，如果你是一个不懂当地语言的外国人，你应该怎么做呢？那就微笑吧。微笑是全世界通用的语言，当你发自内心地对他人微笑的时候，没有人能够拒绝。友好而真诚地去结识每一个新朋友，不要错过了刚开始的绝好机会，也不要坐等其他人来你的寝室拜访你，因为那样的事情很难发生。他们也许会认为你希望独处，所以他们选择尊重你。

处于一个陌生环境是结识新朋友的最佳机会。再隔段时间，许多固定的模式和关系（也就是常说的小圈子）已经形成，这个时候再交朋友就困难多了。

如果在寝室里比较被孤立的话，可以首先检讨一下自己。为什么其他同学都那么“齐心协力”地孤立你呢？你总在别人休息的时候发出各种噪声吗？你对寝室的公共事务关心吗？你积极打扫寝室卫生吗？你因为沉迷于网络而从来不关大灯，致使室友迟迟无法入睡吗？你有好东西从不与人分享，而分享别人的东西却毫不客气吗？如果不是你的问题，再尝试从其他方面找原因。

切记，凡事要多为别人着想，让自己的存在成为室友的一份幸运吧，让自己的存在为寝室带来快乐和温暖吧——哪怕只是出门前随意的一声“先走了，中午见”，或是睡觉前互道声晚安，都足以增加你们之间的亲密感，因为那一刻你让对方感受到了你的在意与关心。让别人感到快乐，自己也会快乐。

2. 学会宽容

宽容别人是对别人的理解，是一种放得下的大度，是一种与人为善的观念释然。而宽容自己则是一种豁达、冷静与理智，宽容自己并不是放纵自己。人应该学会宽容，多一些宽容就少一些心灵的隔膜；多一分宽容就多一分理解，多一份信任就多一份友爱。

“开口便笑，笑古笑今，凡事付之一笑；大肚能容，容天容地，于人何所不容！”这是何等的气度与胸怀！宽容的可贵不只在于对同类的认同，更在于对异类的尊重。

宽容有三种境界，可以养鱼为喻：最初级的境界是玻璃缸赏鱼，只让它在一定的范围存在和活动；中等境界是池塘养鱼，因地就利，因势利导，水肥鱼跃，鱼张水活，相互利用；最高境界则是江海生鱼，千形万类，任其自生，海阔天高，任其自游，由此也就成就了海的博大和丰富。有多大的胸怀，就有多高的境界；有多高的境界，就能干多大的事业。

二、人际交往的原则

（1）平等的原则：人际交往首先要坚持平等的原则，无论是公务还是私交，都没有高低贵贱之分，要以朋友的身份进行交往，才能深交。切忌因工作时间短、经验不足、经济条件差而自卑，也不要因为自己是大学毕业生、年轻、美貌而趾高气扬。这些心态都影响人际关系的顺利发展。

（2）相容的原则：主要是心理相容，即人与人之间的融洽关系，与人相处时的容纳、包容，以及宽容、忍让。主动与人交往，广交朋友，交好朋友，不但交与自己相似的人，还要交与自己性格相反的人，求同存异、互学互补，处理好竞争与相容的关系，更好的完善自己。

（3）互利的原则：指交往双方的互惠互利。人际交往是一种双向行为，故有“来而不往、非礼也”之说，只有单方获得好处的人际交往是不能长久的。所以要双方都受益，不仅是物质的，还有精神的，交往双方都要讲付出和奉献。

（4）信用的原则：交往离不开信用。信用指一个人诚实、不欺、信守诺言。古人有“一言既出、驷马难追”的格言。现在有以诚实为本的原则，不要轻易许诺，一旦许诺、要设法实现，以免失信于人。朋友之间，言必信、行必果、不卑不亢、端庄而不过于矜持，谦虚而不矫饰诈伪，不俯仰讨好位尊者，不藐视位卑者显示自己的自信心。

（5）宽容的原则：表现在对非原则性问题不斤斤计较，能够以德报怨，宽容大度。人际交往中往往会产生误解和矛盾。大学生个性较强，接触又密切，不可避免产生矛盾。这就要求大学生在交往中不要斤斤计较，而要谦让大度、克制忍让，不计较对方的态度、不计较对方的言辞，并勇于承担自己的行为责任，做到“宰相肚里能撑船”，他吵，你不吵；他凶，你不凶；他骂，你不骂。只要我们胸怀宽广，容纳他人，发火的一方也会自觉无趣。宽容克制并不是软弱、怯懦的表现。相反，它是有度量的表现，是建立良好人际关系的润滑剂，能“化干戈为玉帛”，赢得更多的朋友。

【成长感悟】

每天读一遍，一个月脱胎换骨

受委屈时能坦然一笑：大度

被轻蔑时能平静一笑：自信

无奈时能达观一笑：境界

危难时能泰然一笑：大气

吃亏时能开心一笑：豁达

第三节　坦诚沟通

著名冲突管理学家肯尼思·托马斯教授曾对冲突的处理提出了五种策略模式：

（1）竞争策略。这是一种以牺牲他方利益为代价来满足自己的手段，是一种较具侵略性的方式。

（2）适应策略。这是一种牺牲小我、成就他人的态度，也就是对于他人的需求，自己尽量接受，这是一种极其被动的策略。

（3）逃避策略。这是一种鸵鸟心态，也就是既不关心自己的利益，也不在意别人的想法，只是一味退缩。

（4）妥协策略。这是一种通过双方的让步以满足彼此部分利益的办法，尽可能地找出彼此均能接受的次佳方案。

（5）合作策略。这是一种双方坦诚沟通后找到彼此差异所在，共同讨论解决问题的方案，最终达成一致目标的策略。这是最圆满的冲突处理方式，因为双方都可以得到彼此想要的。这种方式对任何事物均不采取压制或逃避态度，所以消除了持续冲突乃至再度冲突的隐患。

面对冲突，你可能选择冷战。见面不打招呼，回到寝室也不说话，偷偷地把别人的开水倒掉，别人睡觉的时候故意用力地敲键盘，洗衣服的时候把水溅到别人身上……结果，寝室里弥漫着浓浓的火药味，战争一触即发。

面对冲突，你可能选择一味忍让。你不断地提醒自己已经是大人了，不能那么没有风度和忍耐力，于是你一再地"忍辱负重"去维持风平浪静。可"肇事者"依然我行我素，因为他不知道你的困惑和不满，而你自己却越来越压抑。终于有一天，你不愿"在沉默中死亡"，于是选择了在"沉默中爆发"。

面对冲突，你还可能选择"针尖对麦芒"。一句话不对就恶语相向，甚至拳脚相加，这不仅违反了学校纪律，自己要受处分，而且只会让事情越来越糟，当事人双方就此反目成仇。

事实上，寝室冲突是难免的，每个人都会遇到类似的情况，和你朝夕相处的室友也许并不是你喜欢的类型，也许你和他们的性格格格不入，也许你们没有相同的喜好。不过，既然有缘成为室友，每个人都有义务去营造和谐的寝室氛围，室友如果有不良的或令你无法接受的习惯和生活方式，你可以开诚布公地与其单独谈谈，在没有第三者在场时，更容易听到真实的心声。也许他或她并没有意识到自己的问题，但当有人提出来后，就会有意识地去改正。只要你抱着一种解决问题的态度去尝试沟通，有些冲突是可以被扼杀在萌芽状态的。

当然，选择以一种不含任何攻击和挑衅意味的方式开始你们的谈话很重要，不要等到忍无可忍的时候再开口，那样说话一定会很冲。记住，说话要有理有据，诚恳礼貌，这样才能引起你室友足够的注意。

如果你觉得实在难以开口，不妨把自己的不满与想法写在邮件里发给对方，有时候，毕竟有些话不便直接说出口，写信可以避免尴尬，对方也有时间更从容地接受和思考。还有一点很重要，那就是抱着乐观的态度和肯定的思想去分析对方的言行，这样室友的一些无意识的举动就不会被你想成是有意为之的行为了。举个简单的例子，如果你发现室友出门后举止得体，而在寝室里行为粗鲁，你会怎么想他呢？其实，也许他把寝室当作可以随心所欲、自在无拘的家，所以言行随便了些，并非是在对你表示不满。每个人都有缺点，只要无伤大雅，不妨宽容一些，或者巧妙而委婉地指出，而不是指责、疏远。

1. 适当的妥协和让步

小丁每天坚持在寝室里学习，会不时地提醒室友安静一点，一天两天大家觉得还可以忍受，可时间长了，大家感觉寝室成了修道院。寝室是大家的，你可以选择在寝室看书，当然也可以选择在寝室谈天说地、嬉笑怒骂。如果室友们喜欢在寝室玩闹，去自习室看书是更好的选择，那里既安静又有学习氛围，其他奋笔疾书的同学都是你的榜样。

2. 活在感动中

有人说过，“人之所以会感动，是因为他生活在爱之中。”

到今天，你觉得室友最感动你的一件事是什么？他或她最打动你的性格特点是什么？

也许很久以来，你已经忘却了感动的滋味，或许是因为你的内心被诸多事情占满而无暇感动。其实，生活中有很多让你感动的事情，你的室友同样会给你带来各种惊喜。这样的感动，有时是一抹色彩，有时是一段音乐，有时是一种状态，有时是一幕场景……

还记得你初来乍到想家心切，抱着手机哭得稀里哗啦时室友的安慰吗？

还记得你生病时，室友送你去医院，陪你检查、拿药、治疗等，还给你端水打饭，强迫你躺在床上静养吗？

还记得你以为谁都不知道你的生日，但是那天晚上你回到寝室开门的瞬间，赫然发现点着蜡烛的漂亮的生日蛋糕，和一张张亲切熟悉的笑脸吗？

还记得学校停水，你没留意通知，回寝室后却发现室友帮你接了足够用的水吗？

还记得进寝室的第一天，宛如兄长的他对你说，对人要真诚，同学遇到困难，一定要尽力去帮吗？

还记得有天晚上你去上自习，很晚没回寝室，大家以为你出事了，紧急动员所有的男生分头找你吗？

心存感激的人，必定生活在爱之中，内心也会因此而变得更纯净、更平和、更宽广。同在一个屋檐下的你们，有了这么多感动彼此的点点滴滴，友谊也会更经得起风雨。在你们产生矛盾的时候，要多想想他们的好，想想他们曾经带给你的种种感动。

3. 自我反省

你必须要先明确，造成这种困扰是你自己的问题，还是你对别人要求过高所造成的。你可试着同你周围的人交往，看看你所认为的“难以相处者”在其他人眼里是否也是这样。如果别人并没有这样的感觉，那你就要从你自己或你们两个人的关系上找原因。

4. 运用转情法

对于一名真正的难以相处者，你要学会设身处地地了解对方的处境，即运用移情法。你不必同他争执，更不必强迫他去做些什么，而是心平气和地询问他采取这种方式对待别人的原因，在这种情况下，即使你的目的没有达到，也能在一定程度上缓和你们之间的关系。当然，他提出的原因在你看来可能是十分荒谬的，你也不必马上去反驳他，而是设法从他的言谈中发现某些真实的成分，这样做，能够进一步缓解你们之间的关系，使双方都觉得心情舒畅。

5. 倾听与沟通

要做到理解他人并非是一件容易的事，我们可以采用一些心理咨询专家经常做事，即学会倾听。“听”有时会比成百上千的“说”还要重要。同时，你也可采用适当的方式让他知道，你对他对待你的方式方法感到十分不安，这种方法常能软化难相处者的敌对情绪。如果在这种情况下，对方仍没有领你的情，你可直言向他表明“现在”不是交谈的最好时机，“过一段时间”你们有必要进行更多的交流，并强调这是你们双方必须做的工作。这样做的目的，是使双方都能得体地从僵局中摆脱出来。如果你能以一种宽容大度的方式对付“难以相处者”，那么久而久之，对方也会自觉不自觉地改变他的行为而同你的高水平看齐，这样就避免了很多不必要的麻烦。

6. 人际交往的技巧

（1）记住别人的姓名，主动与人打招呼，称呼要得当，让别人觉得礼貌相待、备受重视，给人以平易近人的印象。

（2）举止大方、坦然自若，使别人感到轻松、自在，激发交往动机。

（3）培养开朗、活泼的个性，让对方觉得和你在一起是愉快的。

（4）培养幽默风趣的言行，幽默而不失分寸，风趣而不显轻浮，给人以美的享受。与人交往要谦虚，待人要和气，尊重他人，否则事与愿违。

（5）做到心平气和、不乱发牢骚，这样不仅自己快乐、涵养性高，别人也会心情愉悦。

（6）要注意语言的魅力，安慰受创伤的人，鼓励失败的人，祝贺真正取得成就的人，帮助有困难的人。

（7）处事果断、富有主见、精神饱满、充满自信的人，容易激发别人的交往动机，容易取得别人的信任，产生使人乐意交往的魅力。

【成长感悟】

直面冲突小贴士

忍让要有原则，要让对方知道自己即使妥协了，也是有底线的。

永远不要在背后说别人的不是，即使听众是你多么信任的人。

如果你们都是性格直率的人，那就直接告诉室友他的毛病吧，如果这个毛病已经引起寝室公愤的话。

尝试不带任何攻击和挑衅意味的开头开始你们的谈话，不要等到忍无可忍的时候再开口。(你介意……吗？你可不可以/能不能……呢？如果你……的话，我们会睡得更香的。)

如果你对某位室友有意见，又难以启齿，可以在其床头贴张意见条。

悄悄地写信给对方，在其QQ空间、博客或邮箱里留言，让对方知道你的建议是为了让大家更好地和睦相处。

要相信人性本善，永远保持乐观和积极的心态。

第四节　大学生人际交往认识

大海之所以是大海，是因为它能够有所包容。万般河流皆向大海汇去，大海能够容纳所有的山川河流，最终成就了大海本身。人也是一样，不断地去包容生活中的点点滴滴，才会让自己变得更加强大。

一、大学生人际交往的特点

人际交往是人类生存和发展的一个必不可少的组成部分。正如一位古代阿拉伯哲人所描述的那样：“一个不交往社会的人，如陆地上的船，永远不会漂流到人生的大海中去。”

大学生人际交往是指大学生之间以及大学生与其他人之间沟通信息、交流思想、表达情感、协调行为的互动过程。人际交往能力是大学生应当具备的素质之一。当代大学生作为社会中的特殊群体，正处在探索人生、认识社会、掌握专业知识的阶段，处在相对单纯的校园环境中，但同时，不可避免会受到相对复杂的外部环境的影响。当这两种环境交织在一起，就组成了大学生所处的特殊环境，其人际关系也会随着这种环境的改变而悄然发生变化。这一切便导致了大学生人际交往具有某些独特之处。

（一）人际交往的迫切性和主观性

人际交往是人的基本需要。大学生由于学习及生活环境的变化，加之其思想活跃、精力充沛、兴趣广泛，因此，与其他年龄段的人相比，大学生在人际交往的需求方面体现出迫切性的特征。他们交友的愿望强烈，迫切需要结识新朋友和适应新环境，急于了解他人和社会，并且希望别人了解自己，渴望得到他人的尊重和认可，对人际关系的建立抱有积极而良好的愿望。同时，社会心理学研究表明，青年时期是人类自我意识发展和完善的时期，大学生不再愿意依赖他人，对周围事物的评判总是带有较强的主观色彩，希望独立地进行一系列的活动。在人际交往过程中，大学生从交往观念的建立到对交往的对象、方式的选择都具有鲜明的主观性。大学生人际交往的这种主观性还表现在他们已充分意识到人际交往能力是自身素质的重要方面，已经非常明确地把人际交往以及人际关系的建立，作为自我锻炼和自我提高的主要内容与途径，开始有意识地、积极主动地进行人际交往。

（二）人际交往的平等性和不平衡性

当代大学生自我意识强，独立自尊的要求高。大学生交往的对象主要是同龄人，人际关系主要是同学之间的横向关系，不涉及由职务或者辈分而带来的服从性和依赖性。由于知识背景相似，生活环境趋同，他们更趋向于追求一种平等条件下的交往，期待交往的双方彼此尊重，相互理解和容纳。一般而言，大学生会把诚实坦率、品格高尚作为择友的首要条件。

（三）人际交往的理想性和易变性

大学生正处于求知阶段，人际交往的动机相对单纯，其中情感因素占主要位置。他们在人际交往中更加注重情趣相投、志趣一致，偏重的是精神方面。大学生特别渴望真诚纯洁的友谊，对人际交往抱有较高的期望值，往往带有较浓的理想主义色彩，希望彼此之间的交往是单纯的、平等的，不带任何杂质。然而，一旦发现交往对象存在某些自己所不能认同和接受的品质就深感失望，这种对人际交往秉持的高期待值极易导致严重的挫折感。

此外，由于大学生心理发展不成熟，思想观念尚不稳定，在交往的对象、内容、方式以及交往的层次等方曲都表现出明显的易变性，难以形成亲密互惠的人际关系，使得人际关系相对来讲不够稳定。如在选择交往对象时，往往缺乏全面、客观的态度，只看到表面现象，看不到内在本质，再加上年轻人情绪经常处于不稳定状态，有时一点儿小事就能改变人际交往状态，即使对同一对象也可能今天情同手足，明天就形同陌路。

（四）人际关系的广泛性和时代性

大学生的交往随着社会形态的变化，也发生着改变，他们交往的内容和范围表现出广泛性。大学生除了交流感情、切磋知识外，还常常在一起探讨人生，传递各种信息，以开发智力和技能；并且，通过参加各种社会活动，使得人际交往越来越广泛，内容涉及政治、经济、文化等社会生活的各个领域。交往内容的不断扩充，使他们日益扩大了与社会的接触面。同时，由于电子信息技术的广泛发展，大学生的人际交往范围也得到拓展，大大打破了人际交往的时空限制，其交往范围不再局限于班级、院系范围内，将人际“触角”伸向校园之外，不仅注重与校内同学的交往，同时还注重走出校园、走向社会，与社会各界人士广泛接触。

此外，大学生人际交往的时代性特点主要通过交往方式的改变体现出来。大部分的学生不再抱有狭隘的交友观念，转而追求建立更加广泛、多样的人际关系。随着计算机网络的飞速发展，网络交往已经成为一种新型人际交往模式。据中国互联网信息中心2020年9月发布的《第46次中国互联网络发展状况统计报告》显示，中国的网络用户中学生占26.9%，其中高校学生达19.5%，大学生在网络空间进行聊天、交友等人际交往，反映出人际交往的时代性。

二、大学生人际交往的意义

哈佛大学就业指导局曾对几千名被解雇的员工进行了一项研究，结果发现这样一个比例：每有一个因不能完成工作而失业的人，就对应有两个因不能成功与别人交往而失业的人。美国著名的成功大师戴尔·卡耐基也曾说过，一个人事业的成功，只有15%是由于他的专业技术，另外85%要靠人际关系和处世的技巧。可见，和谐的人际交往不仅是人们生存和发展的必要条件，同时也是取得成功的重要元素。

（一）和谐的人际交往有利于促进大学生的身心健康

大学生告别了学业紧张的高中生活，从四面八方汇聚到大学校园，他们远离了父母，告别了昔日的同窗、老师，离开了原本熟悉的生活环境，不得不独立地面对和处理各种各样的生活问题、学习问题、情感问题以及交往问题，而这其中最为关键的就是人际交往问题。大学生正处于世界观的形成阶段，正是其个性定型的关键时期，如果人际交往的需要得不到满足，就会增强他们的挫败感，造成严重的心理负担，引发内心的矛盾冲突，导致情感的孤寂和空虚，从而带来一系列不良的情绪反应，甚至产生严重的心理障碍。相反，如果建立了良好的人际关系，就能产生积极的情绪体验，使人精神愉快、情绪饱满，形成乐观开朗、积极进取的良性心态，从而极大地促进大学生的身心健康，使其得到全面发展。

（二）和谐的人际交往有助于深化大学生的自我认识

孔子曾说过：“独学而无友，则孤陋而寡闻。”和谐的人际交往可以帮助大学生深化自我认识。大学生在人际交往过程中，彼此从对方的言谈举止中认识对方，同时，又不断地以交往对象为参照，以他人为镜，从他人对自己 的态度和评价中正确认识自己，深化自我认识。事实上，自我认识的深化并不是一个自然发展的过程，而是在与他人的对照中不断认识并调整自己的过程，大学生正是在与他人的交往中，不断地寻找恰当的社会位置，选择更为恰当的行为方式。

（三）和谐的人际交往有利于提升大学生的综合素质

和谐的人际交往有助于大学生获取信息，更新观念，促进自身的成长和发展。每个大学生个体的信息渠道有别，涉猎范围不同，获取的信息迥异。通过人际交往，大学生在双向或多向交流中可以相互传递、交流信息，使自己经验更加丰富，视野更加开阔，思维更加活跃，进而提高自身的综合素质。大学生在人际交往的过程中可以锻炼自己的沟通协调能力，提高团队合作意识，同时可以通过广交朋友扩展自己的人脉网络，从中带来更多成长的机遇，为自己尽快成长成才起着非常有利的推动作用。

（四）和谐的人际交往有利于促进大学生的社会化进程

大学阶段是大学生从家庭、学校走向社会的关键时期，和谐的人际交往能够有助于大学生更好地融入社会，加快其社会化进程，如今的大学，在某种程度上可以说是社会的缩影。培养大学生良好的人际交往能力，让他们在与人交往的过程中了解社会，掌握与人交往的方法技巧，这不仅会直接影响其在校期间的学习、生活和心理健康，而且关系到他们走向社会后的成长进步和事业发展。在社会主义现代化建设新时期，除了扎实的专业能力，用人单位往往更看重学生的人际交往能力及团队协作能力等软实力。有关调查表明，大学生的职场发展前景很大程度上受到其人际交往能力的影响。很多毕业于名校的高才生，专业能力出色，但因为没有掌握良好的人际交往技巧而无法融入团队导致离职。良好的人际关系与良好的人际交往能力不仅是大学生活的需要，也是将来大学生走向社会的需要，是大学生社会化的重要内容。

【趣味阅读】

人际沟通黄金原则——你怎样对待别人，别人就会怎样对待你

一位过路人到加油站问路，并打探前边镇子的人怎样，加油站职员反问他从前住的镇子怎样，过路人回答“糟透了”。职员于是说：“我们这个镇子的人也一样。”随后，第二个人驾车来到这里，并问了相同的问题，当驾车员回答说他们原来镇子人很友好后，职员说：“我们这个镇子的人完全一样。”

人际关系就是善意的关系。人是三分理智，七分感情的动物。士为知己者死，从业者可为认可自己存在价值的上司鞠躬尽瘁。“给予就会被给予，剥夺就会被剥夺，信任就会被信任，怀疑就会被怀疑。爱就会被爱，恨就会被恨。”

行为孕育行为，你对我友善，我对你也友善，如果你对我不友好，我也对你不可能友好地对待你——这就是心理学互惠关系定律。

如果你拥有对别人有用的信息而不与别人交流，那么你会发现一些有趣的事情，即别人拥有的对你有用的信息也没有告诉你。

帮助别人也是帮助你自己。爱默生说过：人生最美丽的补偿之一，就是人们真诚地帮助别人之后，同时也帮助了自己。伸出你的手去援助别人，而不是伸出你的脚去绊倒他们。一个与人为善，一心做事的人也许会流一些血，但胜利最终会属于他的。

第五节　寝室相处案例分析

倘若我们能够注意做到这些小技巧，这将对我们处理好寝室关系起到事半功倍的作用。反之，小小“蚁穴”也能够将我们良好寝室关系的“千里之堤”给毁了。

一、猜疑心重，缺少知心朋友

猜疑心是在交往中由主观推测而产生的对他人不信任的复杂情感体验。猜疑心重的大学生对别人总是持不信任的态度，不肯讲真话，戴着假面具与人交往。一些人由怀疑他人到怀疑自己，失去信心，变得自卑、怯懦、消极和被动，人际交往陷入困境。因为找不到交心的知己，所以，他们不免感到孤独和无奈。

【案例】

张某，女，大二学生

自诉：我不喜欢她，我很讨厌她，我不想看到她。我觉得她老是针对我，在我背后做一些坏事。我有一个很好看的头饰，是远方的朋友邮寄给我的，收到的那天我很开心，寝室里的同学们都是知道的。但是后来头饰就找不到了，我把能找的地方都找了一遍，都找不到。可第二天，我发现她头上居然就戴着我的那个发卡，她还说是她自己买的。我就觉得是她偷了我的发卡，我还想起来某天我们都去上体育课了，她说她例假来了就让我们帮她请假，但是我们上完课回来时她并不在寝室里。还有一件事，有一次我好不容易洗了件白衣服，挂在阳台上，之后我就出去上课了。她好像又逃课在寝室里，我下课回来的时候发现白衣服居然湿漉漉地掉在地上了，我问她怎么回事，她很不耐烦地说，风吹了掉在地上了呗。听了她的话我很恼火，那天根本就没有风，我衣服晒得好好的，怎么回来就掉下来了呢。还有我的护肤品，我用起来都是挺省的，但好像乳液总是很快就用完了，还有洗面奶也是的，而她自己的用得都很慢。有一次我故意把护肤品的位置摆放和平时得不一样，回寝室的时候发现它们的位置居然变动了，我确信是她动过我的东西了。她还经常说我的不是，说我的东西整理得不够整齐，被子经常不叠，影响到我们寝室的整个卫生评分，使得大家拿不到“优秀寝室”的称号，拖了大家的后腿。

经过辅导员的调解和调查，发现只不过是张某自己疑神疑鬼。后来张某向舍友道歉，两人握手言和，直到毕业后两人都是好朋友，常常在生活和工作上相互帮助。

中国有句俗话叫“疑心生暗鬼”，案例中的女生对同伴不断地怀疑，认为别人偷用她的护肤品，把她晒在外面的衣服扔在地上，并认为自己的判断都有实际的证据；而同伴批评自己时就更加深了她怀疑同伴存有敌意的想法。

猜疑之心，乱人心智。猜疑不但使自己烦恼，还破坏了与他人的友好关系。张某应该从事实角度来看待问题，消除成见，消除偏见，客观看待，尝试寻找更多事实来说明诱发情境。

二、以自我为中心，不能深入沟通

这类大学生虽然能与其他人交往，但是关系非常一般，沟通质量不高，与大多数人的关系仅仅是“点头之交”，没有知心朋友，既没有人值得他牵挂也没有人会想念他，他们希望周围的人以他为中心，服从于他。这种人强烈希望别人尊重他，却不懂得尊重别人。只从自己的经验角度去认识人和事，而不能意识到别人对同一事物的看法和观点，对人和事的看法带有强烈的主观性。

【案例】

T同学自述：刚开始的时候，我们寝室关系还不错，但是没有多久，寝室的同学就分成了小团体：我和一个同学之前经常在一起，两个来自农村的同学常常一起出入。自从我们分成两个小团体之后，我们的矛盾好像就开始了。起先，是我们的作息时间不一致。那两个来自农村的同学学习都很认真、很刻苦，她们一般出去自习，回来的时间比较晚，临近宿舍关灯休息的时间。我们待在寝室的两个人都早早地准备上床睡觉，她们还得在隔壁的洗漱间里折腾很长的时间，这样对我们的影响挺大的。那个跟我一起的同学忍受不了，就跟她们提意见。她们听了之后就把动作放轻了。那次也没什么，但是后来有一次我因为中途回家，晚上很晚才到寝室，她们都睡觉了，我尽量控制我的动作不发出声音。但第二天早上她们气呼呼地对我说，你不能早点回来吗？洗漱声音那么大，怎么睡觉啊！当时我就说，平时你们也很晚回来啊，我都没说一句。之后她们好像一点反省的意识都没有。每天依然回来得特别晚，我睡眠本来就不太好，一听到响声就睡不着，我记得一开始我跟她们说过，我睡眠不好，她们还是照顾我的，就差不多在我前面上床睡了。现在就不这样了。自从另外一个同学因为生病退学以后，我就孤单地一个人，她们也不愿意理我，更不要说递一杯热水给我，或者帮我买饭了。

我每天都一个人，我其实挺想和她们一起的，一起上课，一起做事，我不喜欢没有人陪着。所以我就刻意和她们和好，虽然她们有些地方我也不喜欢。比如有个女生，一件衣服总是穿很长时间，衣服很破了还要穿，而且她穿的总是那些旧衣服。有一次我看见她换衣服就跟她说，你这些衣服怎么都那么破了啊？要不改天我们一起去买衣服吧。我没有觉得我说错了什么。她也没有理我，独自拿衣服去洗了。另外一个女生我跟她本来也挺融洽的，平时她说话嗓门挺大的，让人觉得很凶的样子，不过那也无所谓了。有一次我去餐厅吃饭，但饭卡找不到了，就回寝室找，但找了半天，床上桌上，衣服口袋都翻了也没有找到。我就想起来好像中午打饭回来好像顺手放在她的桌子上，我就问她有没有看到我的饭卡放在她的桌子上，她凶巴巴地说："没有！要不我把钱包也给你看？"我觉得她莫名其妙，不知道我说错了什么，后来这个同学也不理我，她们两个还经常在我面前装成特别要好的样子，有时候我想着就生气。现在她们不理我，我都是一个人去上课、看书。在寝室里的时候看着她们孤立我。有时候摩擦不断，我也不想示弱，但这种情况给我带来太多的烦恼。没有人与我交流这些事情，我只能压在心底，特别难受，我不知道该怎么办？

T同学与室友相处的问题在于自我思考太多而沟通太少，经过T同学不断地反思和自我改变，她与舍友和好如初，比起以前更懂得如何关心他人，也不再以自我为中心了。

案例中所反映的情况可能存在于很多的大学寝室生活里，那些看起来特别细枝末节的事情很可能会引发同伴之间的紧张关系。而出现在这个案例中得细枝末节的事情却反映了T同学在人际交往过程中所忽视的一些东西。一方面，她总是以自己的需要和兴趣为中心（同学与她相处是可以陪她做事情的）；另一方面，她不能理解他人的需要和感受，甚至对他人有所伤害时也未曾意识到。这种过度以自我为中心的状态最终导致了同伴的远离，使得她孤独感倍增。同学们在与他人相处时也要尝试换位思考，摆脱自我中心，方能更好地处理各种人际关系。

三、自卑心理，交往困难

自卑是一种过低的自我评价，认为自己在某个方面或几个方面不如他人的情感体验。有自卑心理的大学生大多较为敏感，缺乏自信，他们处事过分谨慎，为减少挫折，尽力避开人群，因而丧失许多发展机会。还有一部分有自卑心理的大学生表现为凡事对自己要求很高，在交往中总是力求完美，以免于遭到他人的耻笑，常以一种盛气凌人的架势来掩饰自己自卑而脆弱的心理，这使他们将自己的社交圈子限制得非常狭小。

【案例】

吴某，男，21岁，大学二年级学生。他性格内向，不善言谈，遇到事情总爱一个人苦苦思索。一年级第二学期，有一门功课不及格，这次参加英语四级考试又没有通过。他认为自己的学习能力不强，无法适应大学的学习。觉得自己缺乏社交能力，两年的大学生活，没有知心朋友，有话无处讲，有事无处求，对自己就读的大学不满意，认为缺乏学术氛围，周围的同学都在混日子，自己也只能无所事事，随波逐流。因此，吴同学认定自己的前途一片黯淡，将来是注定没有出息的。

后来，经过老师和辅导员的激励，吴某在大二时不仅仅通过了英语四级考试，还和自己的好朋友拿到了校级比赛的二等奖，这重新树立了吴某的自信心。通过努力，吴某变得越来越优秀，在毕业时，吴某还成了优秀毕业生。

吴某的情况是自卑心理。他的自卑主要是由挫折经历和内向的性格引起的。挫折可能会引起一些负面情绪反应，而不恰当的归因则加快了一个人自卑心理形成的步伐。

四、恐惧心理，社交恐惧症

有些大学生与人交往时，会不由自主地感到紧张、害怕，以至于手足无措，语无伦次，严重的甚至害怕见人，导致社交恐惧症。当代大学生面临的学业压力和就业压力日益增大，尤其是网络时代的来临，使得大学生容易沉溺于网络上虚拟的社交活动以对抗日益增大的精神紧张情绪，而忽略了真实的人际社会中人与人的直接交流的社会技巧。

【拓展资料】

什么是社交恐惧？

社交恐惧心理是在社交时出现的一种带有恐惧色彩的情感反应。

社交恐惧心理有的属于气质型恐惧，即抑郁气质类型的人，生性孤僻，害怕与人交往，常常怀有一种胆怯的心理。有的则属于挫折性恐惧，如在某一次大场合的交往中受过刺激，产生一种恐惧心理，随之形成条件反射，从而构成了一遇大场合就恐惧的不正常心理状态。也有的人是害怕别人发现自己的弱点，于是形成了一种心理上的自我保护，这种自我保护就是不愿和比自己优秀的人交往。在大学生中还有一种属于异性恐惧，就是在于异性交往中感到的不自在，置身于异性面前便心情紧张、手足无措，以至于不敢与异性接触，逃避与异性正常交往。

社交恐惧通过适当的行为训练是可以克服的。

什么是孤僻心理？

孤僻即我们常说的不合群，指不能与人保持正常关系、经常离群索居的心理状态。在学生群体中占5%~8%。

孤僻心理的大学生总是不愿和他人交谈，不愿参加集体活动，时间长了以后，他们就会出现寡言少语、感情冷淡、不善交际等表现。他们认为人际关系不重要，甚至瞧不起所有的人，自我封闭、孤芳自赏、性情内向、少言寡语，有些人可能还存在某些怪癖。

孤僻的人一般为内向型的性格，主要表现在不愿与他人接触，待人冷漠。对周围的人常有厌烦、鄙视或戒备的心理。具有这种个性缺陷的人猜疑心较强，容易神经过敏，办事喜欢独来独往，但也免不了为孤独、寂寞和空虚所困扰。因此，孤僻对学生的身心健康十分有害。孤僻的人缺乏同学、朋友之间的欢乐与友谊，交往需要得不到满足，内心很苦闷、压抑、沮丧，感受不到人世间的温暖，看不到生活的美好，容易消沉、颓废、不合群，缺乏群体的支持，整天提心吊胆地过日子，忧心忡忡，易出现恐怖心理。这种消极情绪长期困扰，也会损伤身体。

（一）孤僻的成因

1. 幼年的创伤经验

研究表明，父母离婚是威胁当代儿童精神健康的重要因素之一。此外，父母的粗暴对待，伙伴欺负、嘲讽等不良刺激，使儿童过早地接受了烦恼、忧虑、焦虑不安的不良体验，会使他们产生消极的心境甚至诱发心理疾病。缺乏母爱或过于严厉、粗暴的教育方式，子女得不到家庭的温暖，会变得畏畏缩缩、自卑冷漠，过分敏感、不相信任何人，最终形成孤僻的性格。

2. 交往中的挫折

由于缺乏必要的社会交际技能力和方法，他们在人际交往中遭到拒绝或打击，如耻笑、埋怨、训斥，使他们的自主性受到伤害，便把自己封闭起来。越不与人接触，社会交往能力就越得不到锻炼，结果就越孤僻。

（二）克服孤僻的方法

1. 正确评价和认识自己和他人

一方面要正确认识孤僻的危害，敞开闭锁的心扉，追求人生的乐趣，摆脱孤僻的缠绕；另一方面正确地认识别人和自己，努力发现自己的长处。孤僻者一般都没能正确地认识自己。有的自恃比别人强，总想着自己的优点、长处，只看到别人的缺点、短处，自命不凡，认为不值得和别人交往；有的倾向于自卑，总认为自己不如人，交往中怕被别人讥讽、嘲笑、拒绝，从而把自己紧紧地包裹起来，保护着脆弱的自尊心。这两种人都需要正确地认识别人和自己，多与别人交流思想，沟通感情，享受朋友间的友谊与温暖。

2. 学习交往技巧，优化性格

可看一些有关交往的书，学习交往技巧。同时多参加正当、良好的交往活动，在活动中逐步培养自己开朗的性格。要敢于与别人交往，虚心听取别人的意见，同时要有与任何人成为朋友的愿望。这样，在每一次交往中都会有所收获，丰富知识经验，纠正认识上的偏差，获得了友谊，愉悦了身心，便会重树你在大家心目中的形象，长此以往，就会喜欢交往，喜欢结群，变得随和了。可以从先结交一个性格开朗、志趣高雅的朋友开始，处处跟着他学，并请他多多提携。

由于社会、环境、自身等各因素的影响，大学生在其成长过程中必然要遭遇各种人际交往的问题。大多数问题随着年龄与阅历的增加会“不治而愈”，只有少数程度稍重一些的，需要他人的辅导和调整。作为大学生不仅要正确认识自己人际关系的基本问题，更重要的是知道如何进行调适，解决问题。

五、人际沟通小技巧

人际沟通不是自然的、与生俱来的能力。其实沟通是需要并可以学习的，我们应该进一步了解人际沟通的原则和艺术。

（一）建立良好的第一印象

在各种交往中，首先应注意给对方留下良好的第一印象。美国学者伦纳德·曾宁博士在他所著的《接触：头四分钟》一书中指出，结交新认识的人时，头四分钟至关重要。为了给对方一个好的印象，他认为结交新朋友时，不应一面与对方交谈，一面东张西望，或另有所思，或匆匆改变话题，这些都会使对方感到不适。

要建立良好的人际关系，必须善于建立良好的第一印象。

（二）正确运用语言艺术，善于聆听

语言交流是人际交往中最直接、最经常的方式。语言作为人们交流的工具和媒介，在人际交往中有非常重要的作用。

学会正确运用语言的艺术，乐于交谈、善于表达、称呼得当、注意聆听，这些都使人们在良好的心理气氛下顺利交往。现实生活中一个谈吐不凡、言之有物的人，往往更容易与他人形成良好的人际关系。

在语言交流中，应注意以下几个方面：

1. 态度诚恳

实事求是，待人热情，往往给人一种信赖感、亲切感，这有利于交往的继续深入。要避免油腔滑调，高谈阔论，哗众取宠，否则会使人感到不愉快。

讲话时目光应适度正视对方，以表示对别人谈话内容的关注，也表示对别人的尊重，切忌东张西望、左顾右盼，也不要做与交谈无关的小动作；同时也应注意在交谈时不要一直盯着对方眼睛，避免显得咄咄逼人；避免在交谈时注视对方头部以下身体部位。

2. 善于倾听

言语交谈不仅要谈，而且要学会听，并且在听的过程中聚精会神，并有适当反馈。最好的方式是能站在对方的立场上，投入到对方的情感中，集中精力了解对方谈话的内容，同时还应通过适当的提问、点头、对视等方法来表明自己对其谈话内容感兴趣。切忌在聆听中频频打岔或表现出不耐烦的情绪。

（三）善于运用非语言艺术

非语言艺术一般包括眼神、手势、面部表情、坐姿等几种。掌握和运用好这种交往艺术，对大学生处理好人际关系是不可缺少的。大学生在人际交往中根据谈话内容和场合，正确运用非语言艺术，巧妙地表达自己的思想感情，有时能起到“此时无声胜有声”的作用。

（四）培养良好的人格品质

培养良好的人格品质，有利于我们建立良好的人际关系。下面是研究表明的在人际交往中被看重的人格品质：

（1）真诚。“人之相知，贵在知心。”真诚的心能使交往双方心心相印，彼此肝胆相照，能使交往者的友谊地久天长。

（2）信任。在人际交往中，能最大限度地降低我们内心对他人的防备，为彼此提供更大的心理交融的可能性，很难想象彼此不信任的人会建立良性的深远的人际关系。

（3）宽容。与人相处，难免发生矛盾冲突，宽容往往会起到“化干戈为玉帛”的效果。宽容是以团结为重，即使是在自己的自尊与利益受到损害时也如此。但宽容并不是无条件的，应有理、有利、有节，如果是为了一时苟安，忍气吞声地任凭他人的无端攻击、指责，则是怯懦的表现，而不是正确的交往态度。

（4）自信。在人际交往中，自信的人总是不卑不亢、落落大方、谈吐从容，而绝非孤芳自赏、盲目清高；自信的人对自己的不足有所认识，并善于听取别人的劝告与见解，用于改善自己的不足。培养自信要善于“解剖自己”，发扬优点，改正缺点，在社会实践中磨砺自己，使自己尽快成熟起来。

（5）热情。在人际交往中，热情能给人以温暖，能促进人的相互理解。因此，热情待人是沟通人的情感，促进人际交往的重要心理品质。

（6）幽默。幽默是人类智慧的光芒，它与机智、诙谐、乐观、自信等优秀品质联系在一起。幽默是人际交往的润滑剂。但要注意，幽默不是讽刺，不是哗众取宠。

【小贴士】

怎样给人留下良好的第一印象

第一印象是交往的开始，在以后的交往中会起到心理定式的作用。如果给人留下的是诚恳、热情、大方的印象，自然受人喜爱，别人也愿意与之交往。相反，如果留下的是虚伪、冷漠、呆板的印象，别人也不会愿意接近。

打造良好的第一印象需要做到：

第一，穿着得体。并不是穿戴昂贵、有派头，而是穿合适的着装，如学生应该穿着学生装，并穿着自信。

第二，表现自信。这样不仅会使自己感觉更好，还会给别人留下良好的印象。

第三，说话时，和别人有眼光的接触。这样不仅表现出对对方的尊重，还让人觉得你专注而自信，善于倾听，也更容易吸引对方的注意力。

第四，在与对方沟通过程中，清楚、自信地表达你的意思。

第九章

学会管理情绪

本章导读

在炎热的夏季，大约有16%以上的人会“情绪中暑”，又称为“夏季情感障碍”。常见的表现为情绪不稳定，心情烦躁，思维紊乱；或感觉头脑不清晰，记忆力差，无法静下心来思考问题；或情绪低落，对什么事情都不感兴趣。一般清晨时心境好一些，下午和晚上心情变坏；对工作、对同事、亲人缺乏热情。

当你符合下列情形中五种以上时，小心，你已经在“情绪中暑”边缘了：

1. 事无巨细都浮想联翩，久久不能释怀；
2. 想做事时，却难以集中注意力；
3. 别人的轻言细语也会觉得嘈杂难耐；
4. 做事茫然失措，决断困难，效率低下；
5. 对某些事物或环境非常害怕，极力逃避，却又觉得荒唐；
6. 很小的刺激就大发脾气；
7. 对什么都不感兴趣；
8. 展望未来一片茫然，回顾过去一无是处；
9. 疲倦无力没有胃口，体重减轻夜不能眠；
10. 反复出现某种念头或反复做某事，自知多余，但难以自拔；
11. 有头痛、腰痛、颈痛等难以表述的不适，反复检查治疗不见效。

面对这些“情绪中暑”的情形，你是否知道怎样给情绪降温呢？

第一节　大学生常见的异常情绪

每天拥有好情绪，是优质大学生活的基本保障。一个情绪好的人，可以把事情做得更好。大学提倡的创新，也在很多时候归功于激情驱动下的灵感，这其实也是一种情绪反应。更关键的是，大一就学会调整情绪，对整个大学生涯都有很大益处。快乐而充实的大一生活，有助于以后几年的学习和生活更加游刃有余。

如今，很多大学生都面临着压力，不管是学业上还是情感上。而过多的压力，会使大学生们走向极端。大学生能否妥善管理自己的情绪，不仅影响大学生们的身心健康，而且还会影响大学生们能否优质高效完成学习任务，能否拥有和谐融洽的人际关系。

大学生会有哪些异常的情绪或心理呢？

一、社交焦虑

社交焦虑主要表现为：害怕在公众面前讲话；不能在别人的注目下做事；在人面前脸红很难受；见到陌生人就不自主的发抖、心慌。

【案例】

李华是一名刚走上工作岗位的女大学生。尽管已大学毕业参加了工作，但她与人交往有一种恐惧感，见到人脸就红，尤其是陌生人。当她与别人并肩而坐的时候，心中总想要看看别人，这种欲望很强，但又因为恐惧而不敢转过脸去看。如有事必须与他人接触时，不论对方是男还是女，她一走近对方，便感到心慌、紧张，面部发热，手心出汗。由于这一原因，她很怕与人接触，进而害怕出去做业务，这严重地影响了她的工作成绩和正常生活，李华的内心感到非常痛苦。

社交恐惧症往往不是突然产生的，而是长期形成的。往往可以发现，这类人从小就有一些适应不良的表现，在社交上有一些潜在的问题，这些问题并没有随着年龄的长大而自然解决，而总是一遍遍重复旧有的模式，当然了，原因也是多方面的，可能是家庭原因，也可能是其他的一些原因！

但是社交恐惧症也并不可怕，一般的程序是通过逐步递增社交的情境而增加对恐惧的耐受性，从而达到消除社交恐惧反应的效果。

第一，要不断地告诉自己，这种恐惧是可以消除的。正确认识人与人交往的程序，了解与人交往的方法。

第二，要查找出自己产生社交恐惧的事物种类，并试图挖掘心灵深处的根源。

第三，在一个假想的空间里，不断地模拟发生社交恐惧症的场景，不断练习重复发生症状的情节，并不断地鼓励自己勇敢面对这种场景，以便从假想中适应这种产生焦虑紧张的环境。

第四，采用强迫疗法，小步渐进。首先站在车水马龙的大街上，适应后减少人数，在商场里购物；其次再减少人数，参加一些大规模的聚会；再次，参加小聚会，并试图发表你的观点；最后，和自己很惧怕的人交往，并时刻给自己以奖励。利用这种方法，经常不断地练习，就会使病症有很大的改观。

二、嫉妒

“他凭什么比我好！哼!”在人类所有的情绪中，嫉妒是最危险的情绪之一。在众多惨绝人寰的案件中，比如枪击案、投毒案、公交车焚烧案，被伤害的对象往往不是那些曾经欺负过凶手的人，而是那些被凶手嫉妒的人。如果嫉妒足够强烈，甚至会引发报复行为，酿成一个个悲剧。

嫉妒的心理根源在于：怕被取代，怕显得自己没有本事。所以，人总是更嫉妒和自己有直接竞争关系的人，比如同事、同学、兄弟姐妹，而不会太嫉妒那些远远优越于自己的明星富豪，或者没有直接竞争关系的人，比如工程师不会嫉妒医生，男人不会嫉妒女人。

比如在亲子关系中，如果家里有兄弟姐妹，家长最好能根据每个孩子的特点，给他们各自规划成长轨迹。而不是哥哥去学钢琴，过了几年让弟弟也去学，然后一直比较兄弟俩的学琴进度，这样做会使进度慢的一方产生嫉妒心理，影响心理健康发展。

三、考试焦虑

重要考试前几天就坐立不安，临近考试时就腹泻，在考试中会感觉到十分紧张，会对考试十分的厌烦。

【案例】

小明是医学系三年级的学生，学习很刻苦，成绩却不太理想。每逢考试他都很拼命，熬夜是常事，考试后又常因成绩不好而懊恼不已。

小明今天中午、晚上都不想吃东西，吃下去的全吐了。朋友劝他去看病他不去，说是没病，还坚持要去教室复习，准备考试。再望望小明，只见那原本消瘦的脸上满含着忧郁，一副有气无力的样子，看上去身体很是虚弱。

小明沉默了片刻，开始诉说。“昨天考第一科，我考得很糟，心里非常失望。我花了很多时间去复习，没想到还是考不好。晚自习时，我开始复习下一科，可老是走神。

昨晚一晚都没睡好，总在想白天的考试，越想越自责。今早很早就醒了，我不敢多睡，匆匆去课室看书；可越看越觉得很多内容都没记住，心慌得厉害，脑子也不听使唤了。午餐我一点胃口也没有，但还是强迫自己吃点，没吃下多少，就忍不住全吐了出来。晚餐也是这样。我很害怕，我可能读不下去了。”他紧锁着眉头，不安地说。

小明患的是考试焦虑症，这是考试时常见的一种现象。就多数人来说，面临重要的或关键性的考试，总会引起一些心理压力，产生一定程度的考试焦虑，这是正常的，也是无害的。但严重的考试焦虑则会产生极大的危害，使人出现注意力分散、记忆过程受干扰、思维过程受阻等问题，并威胁着人的身心健康。

焦虑症如果得不到及时正确的诊断和治疗，焦虑症患者就会反复就医，严重影响患者正常的生活和工作，同时也会造成巨大的医疗资源浪费，有研究表明焦虑症患者的医疗费用是一般人口的9倍。有一位患者，就有急性焦虑发作的患者，多次拨打120急救，因为焦虑发作时的表现和冠心病极其相似，还有焦虑发作的患者被误以为是冠心病发作而进行心脏造影检查。可以说，焦虑症给个人及家庭都带来了巨大的痛苦和负担。

要环节和治疗焦虑症，需要在心理上和行动上同时下功夫。

在心理上，首先坚决杜绝用“完了”“我糟糕透了”等这种消极的语言暗示自己；其次，要消除大脑中的错误信息，不要被一两次考试失败和一两科考试失误所吓倒，不要以偏概全，认为自己不行，而丧失信心；最后，适当减轻周围环境的压力，针对种种担忧，自己和自己辩论，用这种理性情绪疗法，纠正认知上的偏差。

在行为上，要注意放松和脱敏。人在放松状态下的情绪，与焦虑是相互抵抗的，比如放松状态出现了，必然会抑制焦虑和紧张状态的出现。因此，当出现考试焦虑的时候，要将自己置身于放松的环境中，避免自己想起与考试相关的事情。然后慢慢调整心态，给自己心理暗示，一步步回到原来的环境中。

四、消极学业情绪

消极学业情绪出现的原因，是大学生自我约束力不高从而产生消极的归因方式。首先，很多大学生不能完全适应大学这种自由的学习方式，仍停留在依靠老师的督促和严格管教下，不能很好约束自己的行为；其次，经不起诱惑，容易受周围的环境和氛围影响；最后，将挫折和失败归因于自身以外的因素。这种不良的现象在一定程度上容易使学生产生消极的学业情绪，进而影响其各方面健康的发展。

现代大学生由于受外界各种因素的影响，学习的积极性越来越低，对学习也有自己独特的看法。不再将学习视为第一要务，而是把更多的劲力和时间放在课外的各种社团中，片面地认为大学学习已不能为今后的工作效力。

学业拖延现象严重。现代大学生学习中出现很严重的拖延现象，很多同学习惯性将学业拖到最后，不能及时地补缺补差，一般上完课就将课本放在一边，直到考试或是交作业时才赶紧准备，更有学生直接拿其他同学的作业随便抄一些交差。

当遇到情绪困扰，当沮丧，担忧，苦闷，烦躁等不良情绪出现时，知道如何去应对吗？下面介绍几种方法调节情绪的小方法。

（1）宣泄。宣泄是及时缓解不良情绪的最简单的方法。当感到闷闷不乐时，可以找朋友倾诉或者写心理日记，这样才能一吐为快。但一定要注意倾诉宣泄的对象和地点的适当性，避免给别人或自己带来更大的伤害。

（2）转移。当心情糟糕时，可以去逛街，听听音乐，或者找自己感兴趣的事来做，转移注意力，这样心情才会变好一些。

（3）言语暗示。当遇到非常气愤的事，准备与对方大干一场时，可以在心里默默地念叨“冷静点，冷静点，不能和对方一般见识。要控制自己的怒气，一定要表现得很绅士”。

（4）愉快的回忆。在平时常常有这样的体会，当沉浸在美好的回忆时，心情自然而然变得很舒畅，这就运用愉快回忆的方法调整自己的情绪。

（5）积极认知。当遭遇挫折时，感叹上天的不公平时，看看周围那些比你更不幸的人，不是去嘲笑他们，而是更要懂得珍惜自己的幸运。

需要注意的是不管遇到什么事都要冷静，不可做过激行为。学会自我调节，还不行的话可以求助心理老师。

第二节　认识并管理情绪

一、情绪调节的表达方法

1. 生理调节

当情绪发生时，身体会有对应的生理唤醒，如心跳速率加快、体温升高或降低、血压、瞳孔、神经内分泌等变化。比较明显的就是：当悲伤时，会感觉冷；兴奋高兴时，瞳孔会放大（看见喜欢的人时，感觉眼睛在发亮）。

当处于烦恼、痛苦等负面情绪中时，能够感知的状况就是，身体会变得僵硬、难受、紧绷。这个时候，可以快速做几个简单的瑜伽动作、原地走动一下。有条件的话，还可以慢跑一圈，洗个热水澡，泡个温泉……让身体的各个指标和部位状态发生变化，从而来改善情绪，简单又容易操作。

2. 情绪体验调节

当体验到强烈的情绪时，可以采取一些相应的行动来“释放”情绪，来改变情绪本身的状态。比如发泄、寻求帮助、独处等。

当某个事件让人愤怒得不可遏制时，可以选择立刻解决问题，发泄情绪；如果是悲伤和伤感，问题又不能及时解决时，选择回避，暂且忘记这件事，去忙着别的事。等时机成熟时再来解决。

因此，一定不要一直长时间沉溺于某种强烈的情绪状态。

3. 行为调节

在日常生活中，为了达成自己的“目标”，获得自己的“利益”。自身会不自觉地对情绪进行行为调节，比如：就算不高兴，在看见其他人需要打招呼时，也会改变自己的低落情绪状态和表情，马上调整状态到友善愉悦的身体姿势和表情——微笑，问候一声。

可能会总是抱怨这种“强颜欢笑”的状态，但它确实有利于情绪状态的改变。在日常生活中，它有两种作用：一是抑制、掩盖不恰当的情绪表达；二是给出恰当的交流信号。“强颜欢笑”，会让自己真正笑起来。

4. 认知调节

心理学家道奇等人认为，人的情绪系统和认知系统是信息加工过程中的两个子系统。也就是我们常用的情绪调节方法，在意识的信息加工过程中，意识到了某种不太好的情绪时，就会去挖掘产生这个情绪的原因，然后想办法来改变当下这个情绪。

5. 人际调节

人活在社会中，很多负面情绪、痛苦体验也是来自与他人的互动，来自与他人的冲突。但社会中的他人，也是给予社会支持（关心、关爱、理解、倾听），调节负面情绪的超级帮手。当不良情绪产生时，寻求与“爱你的人”“客观理性支持你的人”的互动，会是非常好的情绪安抚办法，同时还能找到良好的问题解决、冲突应对的经验和建议，有利于在以后的互动中减少负面情绪发生的概率。

心理学家研究表明，抑郁倾向的情绪不会传染给其他人，但健康的好情绪能够传染给他人。也就是说，当情绪好时，能安慰情绪糟糕的人；当情绪糟糕时，能够被情绪好的人感染。

社交，理论上对于情绪调节百益而无一害。

二、学会表达情绪

从心理学的角度来讲，表达情绪的方式有言语和非言语两种。言语表达即为通过话语来讲述自己的感受，而非言语表达则是通过一些肢体动作包含神情、语调、态度等方式间接的展露情绪。表达情绪时要注意以下三点：

1. 敢于说出自己的感受

不要以为沉默就可以把情绪隐藏得很好，长期在内心积压或许会给未来埋下隐患。用合理的方式把情绪表达出来是非常重要的，这看似简单却非常难做到。很多时候人们展示的并非自己的感受而是对他人的指责和评判。

阐述情绪是不带有攻击性的，只是把自己心里的想法和感受表达出来，而指责他人会在彼此的情绪上建立分歧和争议，甚至会导致双方进入紧张的关系当中。

2. 表达重点在于情境而非关系

良好的沟通需要建立在彼此理解的基础上，如果词不达意则可能会造成不必要的误解。因此，应当重视如何全面性的表达意图，不要总让别人去猜自己的心理或是出现误会时去指责别人的理解能力，那样只会为自己制造麻烦。

3. 掌握合理的表达时间

情绪的产生可能只是一个瞬间，然而消化情绪却需要一定的时间和过程，如果立即做出一些判断和决定可能是缺乏考虑的。因此，应该给自己一个稳定心绪的过程，重新过滤一遍发生了什么事情，产生了怎样的感受，心情是如何，想怎么去做。然后再进入到第二个阶段，温习前面的过程，调整自己的情绪，最后做出自己的决定。

三、学会调节负面和极端情绪

大学生作为意气风发的年青一代，既容易被极端情绪影响理智，也容易被负面情绪引入歧途。负面情绪会影响身心健康，严重者会得抑郁症，甚至危及生命安全。在生活和学习中，我们要时刻警惕负面情绪和极端情绪，一旦发现要及时调节。

1. 找到错误情绪的根源，改变认识

很多负面情绪或极端情绪是由于当事人对经历事件的不合理认识或评价才形成的。合理的认识有助于产生合理的情绪和行为反应。例如，同样是考试失利，甲乙两人的想法不同，甲认为是自己准备得不够充分，尽管也会感到难过，但甲很快恢复了正常心态，努力学习准备下一次考试；乙想的却是，自己本来是应该成功的，工作都做不好，真是太无能了。这时，甲的情绪是积极而健康的，乙的情绪反应则会变得比较消极。

调整认识主要可从以下三个方面来进行：①调整对自己不正确的认识。要认识到，自己不是总能成功，也不是一直失败；不是总得不到他人的认可，也不是总能得到所有人的认可；等等。②调整对他人不正确的认识。不要对他人的要求过高，也不要用自己的行为习惯等来判断他人。③调整对周围环境及事物的不正确认识。遇到问题，善于控制情绪者往往会尝试改善周围的环境，如果无法做得到，就要学会接受这种现实。

2. 积极的自我暗示

这是一种用内部语言或书面语言的形式来自我调节情绪的方法。暗示对人的情绪和行为可以有积极影响，可用来松弛过分紧张的情绪，也可以激励自己。在人际技巧缺乏等情况下，要使自己振作起来，就可以用积极的自我调整来改变自己。比如，在心中默念“别人能行，我也一定能行”“我能做好，我有信心”“别人不怕，我也不怕”等，努力挖掘自己的长处，此法能消除抑郁、焦虑、怯懦和恐惧等消极情绪状态，恢复应有的快乐和自信。

3. 合理宣泄

人的情绪处于压抑状态时应给予合理的宣泄途径，才能调节机体的平衡，缓解不良情绪的困扰，恢复正常的情绪、情感状态。如遇到挫折和不顺心的事情或者在心情苦闷时，找一个无人的地方痛痛快快地哭一场；找亲朋好友倾诉一番，或者去心理咨询机构倾诉等都是宣泄情绪的方法。

4. 转移注意力

出现不良情绪时，头脑中只有一个兴奋点。这时如果另建一个新的兴奋点，就可以冲淡或抵消原来的兴奋中心，缓解不良情绪的负面影响。因此，当情绪不佳时可外出散步、听音乐、打球、下棋等健康的文体活动。

四、培养积极情绪

毕淑敏在《珍惜愤怒》一文中指出：“愤怒是以人的生命力为代价锻造出的双刃利剑。它既能制敌，又会伤身。”莎士比亚说：“适当的悲伤可以表示感情的深切，过度的伤心却可以证明智慧的欠缺。”人生路漫漫，有喜也有悲。该喜则喜，该悲则悲，要学会正确对待自己的各种情绪感受。适度的负面情绪，可以帮助自我适应突发事件，但持续处于负面情绪状态，则可能危害自我的身心健康。在生活中，面对各种不如意的事情，要学会合理地调节情绪，以积极心态保持正面情绪，克服消极的负面情绪。

大家应该都听过哭婆婆和笑婆婆的故事：一位老太太有两个女儿，大女儿卖伞为生，二女儿卖鞋为生。天晴的时候，老太太担心大女儿的伞卖不出去。下雨的时候，老太太担心二女儿的鞋不好卖。所以，她天天伤心落泪。后来，她改变了想法：天晴时，二女儿的鞋很好卖；下雨时，大女儿的伞很好卖。所以，她天天乐呵呵的。

情绪往往不是由事物本身引起的，而是取决于看待事物的思维方式。在不利的环境中，不妨换一种思维方式去思考，找到对自己有利的一面。王安石曾经有一首诗中：“风吹屋檐瓦，瓦坠破我头。我不恨此瓦，此瓦不自由。”这就是一种思维的调整。改变不了事实，但可以改变信念；无法调整环境，但可以调整情绪。生活不由事件决定，而是由自己主宰。

因此，情绪不仅可以调节，亦可培养。一是要树立真实的自信。常用的方法有“以勤补拙”“笨鸟先飞”“扬长避短”等。最后应刻苦学习，努力实践，不断充实自己，提高自身素质。这是培养自信心最根本的方法。二是要培养豁达乐观的心态。林肯说：“只要心里想快乐，绝大部分人都能如愿以偿。”也就是说，只要相信自己一定会成功，个人的活动就能够发展和实现这些想法。三是应培养适度的紧迫感。如何培养适度的紧迫感呢？首先要真正明白时间的价值，其次要培养办事的时间意识和计划性，最后要抓住现在。

掌控好自己的情绪，才能掌控自己人生。情绪看似简单，但却能掌控整个人生；情绪看似平常，但却能左右人际关系的好坏。一个人情绪的好坏是能够掌控的，只有让自己处在良好的情绪、营造良好的内心环境，才能拥有幸福的人生。大学生没有办法永久掌控外在的环境，但能够掌控个人的高峰与低谷，窍门就在于掌控自己的信念与做法。情绪就像一把双面刀，越了解怎样驾驭它，它就能成为一个好帮手，如果弄不懂它，任它肆意的扰乱内心，它就容易破坏美好的人生。

五、情绪 ABC 理论

每一个人都应该学会控制自己的情绪，作为大学生更应该学会调节自己去情绪，善于掌握自我，善于调制合体调节情绪，对生活中矛盾和事件引起的反应能适可而止的排解，能以乐观的态度、幽默的情趣及时地缓解紧张的心理状态，不断的完美自己，使得在自我方面有一个更好的环境去提升自己，让自己做情绪是主人，而不是让情绪主宰生活。

大学比高中更容易有着情绪的触动爆发。高中在家庭和高考的双重压力下，自身会扛下所有的委屈与不开心，但进入了大学不一样，相比之前，首先会感到如释重负，轻松许多，但埋在心底的情绪种子也会在一点点的浇灌之下，开始萌芽进而发泄。那么，有人会不会没有情绪？答案是否定的，人一生下来，喜怒哀乐就伴随于身边，没有人会做到没有情绪，现如今的社会，竞争激烈，人们面对着各种各样的压力，而在快节奏的社会生活中，自身的情绪会受到或好或坏的影响，众所周知情绪对一个人的影响很大，而情绪管理也因此应运而生。

管理情绪，要用对的方法，用正确的方式，先探索自己的情绪，然后进行情绪的调整。当遇到事情发生时，先冷静想想，一旦立马做出反应或者评价，便会无形产生出一种情绪，这就是“ERO”，类似于情绪 ABC 理论。当那种情绪完全产生的时候，就要去接纳它，千万不要压抑，情绪的作用并不是完全消极的，它有着意想不到的效果，它可以塑造我们，接纳它就是接纳不一样的自己。

对于情绪ABC理论，可能适用于我们90%的人，少数人的情绪点可能不在这个理论的范围之内，不受这个理论约束。而在90%的人里，又有着90%的人会因为失恋表现出不同的反应，下面我们就来看看这个案例。

【案例】

有一个年轻人失恋了，一直摆脱不了这一事实的打击，情绪低落，已经影响到了他的正常生活。他没办法专心工作，因为无法集中精力，头脑中想到的就是前女友的薄情寡义。他认为自己在感情上付出了，却没有收到回报，自己很傻很不幸。于是，他找到了心理医生。

心理医生告诉他，其实他的处境并没有那么糟，只是他把自己想象得太糟糕了。在给他做了放松训练，减少了他的紧张情绪之后，心理医生给他举了个例子。

“假如有一天，你到公园的长凳上休息，把你最心爱的一本书放在长凳上，这时候走来一个人，径直走过来，坐在椅子上，把你的书压坏了。这时，你会怎么想？”

“我一定很气愤，他怎么可以这样随便损坏别人的东西呢！太没有礼貌了！”年轻人说。

“那我就告诉你，他是个盲人，你又会怎么想呢？”心理医生接着耐心地继续问。

“哦——原来是个盲人。他肯定不知道长凳上放有东西！”年轻人摸摸头，想了一下，接着说，“谢天谢地，好在只是放了一本书，要是油漆、或是什么尖锐的东西，他就惨了！”

“那你还会对他愤怒吗？”心理医生问。

“当然不会，他是不小心才压坏的嘛，盲人也很不容易的。我甚至有些同情他了。”

心理医生会心一笑：“同样的一件事情——他压坏了你的书，但是前后你的情绪反应却截然不同。你知道是为什么吗？”

“可能是因为我对事情的看法不同吧！”

对事情不同的看法，能引起自身不同的情绪。

很显然，让自己难过和痛苦的，不是事件本身，而是对事情的不正确的解释和评价，这就是心理学上的情绪ABC理论的观点。

情绪ABC理论的创始者埃利斯认为：正是由于每个人常有的一些不合理的信念，才会产生情绪困扰，如果这些不合理的信念日积月累，还会引起情绪障碍。

情绪ABC理论中：A表示诱发事件；B表示个体针对此诱发事件产生的一些信念，即对这件事的看法和解释；C表示个体产生的情绪和行为结果。同一件事，人们的看法不同，情绪体验也不同。

比如，同样是失恋了，有的人放得下，认为未必不是一件好事，而有的人却伤心欲绝，认为自己今生可能都不会有爱了。再比如，找工作面试失败后，有的人可能会认为，这次面试只是试一试，不过也没关系，下次可以再来，有的人则可能会想，自己精心准备了那么长时间，竟然没过，是不是自己太笨了，自己还有什么用啊，人家会怎么评价。这两类人因为对事情的评价不同，他们的情绪体验当然不同。

对于上面这个失恋的年轻人来说，失恋只是一个诱发事件 A，结果 C 是因为情绪低落，生活受到影响，无法专心工作；而导致这个结果的，正是他的认知 B——他认为自己付出了一定要收到对方的回报，自己太傻了，太不幸了。假如换个想法——这样不懂爱的女孩不值得自己去珍惜，如今她离开可能避免了以后她对自己造成更大的伤害，那么他的情绪体验显然就不会像如今这么糟糕。这个年轻人是很多男女生的写照，大学是相对开放式学校，不反对男女生交往恋爱，特别是新生，进入学校后，就会对学长学姐产生倾慕之心，经过一段时间的努力后，便会有着跨级恋爱的现象，在谈恋爱的过程中，谁都想不到接下来会发生什么事，所以会不会失恋这个结果，失恋后会又怎么样的表现自然也不会知道，虽说是失恋，不同的人会有着不同的反应，但还是希望每个人都正确对待每一件事，不要抱有情绪，情绪带来的后果是你无法预料的。

为什么这么说呢？刚进入大一的时候，所有人都会带着好奇、激动的心情来到新的学校、住入新的寝室，都是面带笑容的与同学、室友、辅导员说句你好，相互都不知道对方内心深处的压抑，特别是对于才度过高三艰难时光的大一新同学。有的同学在高中的时候，一周七天，上六天半的课程，周日休息半日。这半日时间也仅仅七个小时而已，住校生睡一觉补充睡眠，再逛次超市购买生活用品，转眼就又到了上晚自习的时间，如果那七个小时拿来打游戏就更不必说了，会抱怨时间怎么过得这么快，自己都没玩多久就又要上晚自习了等这些类似的话语，一周大约 75 小时的上学时间换来 7 小时的放松时间，这种精神上的摧残，大家肯定是深有体会的。然而在觉得室友的生活习惯有一点违背了自己的时候，就会爆发心底的情绪压抑，和室友争论吵架，自然间就会产生隔阂矛盾，大家都会觉得自己现在是大学生，是一个成年人，不再是小时候哭着或受着委屈告老师的小朋友，自己的事自己能够去解决，殊不知大学产生的矛盾比高中还容易。

大一刚进校都会经受军训的洗礼，每一天都会很累，一天过去，就想躺下睡觉，毕竟第二天还要大早上起床叠被子继续军训。但如果寝室里面有着晚睡理事协会的会员，加上有游戏达人的话，那可能就会睡不了了，先别说敲键盘的声音，和游戏队友聊天的声音隔壁都能听见。可能“耳机一戴，谁都不爱”说的就是这一类人，这个时候莫名的情绪也就会随之而来。如果是你们，会怎么做呢？

对于以上情况，当情绪来临的时候，要努力去控制、管理自己的情绪。管理情绪是一种博弈。每一种情绪在不同场合通过不同的博弈达到一种平衡。对于现代人来说，在处理各类事务时，不可避免地要在心理上产生反应，发生各种各样的情绪变化，并且在表情、行动、语言等方面表现出来。如何使表现出来的情绪恰到好处，既不过分，也无不足，而且还符合当事人的身份、不违背情理、适时适度、切合场合是很重要的。只有更好地了解情绪，接纳情绪，控制情绪，才能达到“和”的境界，做自己情绪的真正主人。针对不同性格类型的人，要采用不同的方式对待，有效的发扬情绪管理中积极的一面，努力克制消极的一面，使自己能够控制自己的情绪，调整好心态，健康快乐的工作、学习和生活。情绪管理并不是说不发脾气，而是强调“情绪的适当表达”。作为大学生，在渐渐长大的同时，都应该有着谨慎的考虑，不要被情绪打败。

奥力森·马登在《一生的资本》中说：任何时候，一个人都不应该做自己情绪的奴隶，不应该使一切行动都受制于自己的情绪，而应该反过来控制情绪。无论情况多么糟糕，你应该努力去支配你的环境，把自己从黑暗中拯救出来。

让自己成为一个温柔而内心强大的人吧，就会发现：当你控制好了情绪，你的人生也会豁然开朗起来。

接下来推荐的几点方法，大家可以参考下，希望能够帮助到同学们有效的管理好自己的情绪。

1. 调整心态，控制情绪

当做事的时候，情绪低下会影响做事的效率，甚至做出不理智的决定，或者鲁莽行事，而错失良机，或者后悔终生，因此要好好将心态放平缓，遇事沉着冷静。

2. 适当表达，懂得倾诉

当出现了不开心的事情的时候，不要刻意地去压抑，控制。可以适当地表达一下自己内心想法，向自己最好的朋友，值得信任的同学、老师、辅导员倾诉，可以哭，可以朝着大海释放内心的不愉快，可以运动打球发泄，但是一定要记住“适当”两个字，并不是发脾气，又哭又闹之类的表现。

3. 聆听音乐，笔下生花

音乐是最好的表达。从古至今，音乐包含了太多的情绪，音乐也是能够让人身心放松，一首令人舒适的纯音乐，让人一听，所有的消极情绪，都将会慢慢地被洗涤。不仅是音乐，文字也是一种表达，将所有的不开心全部写下来，将之封存保管，也可以将之丢掉，也算是对消极的一种抛弃。

4. 相信自己，展望未来

有这样一个公式：失望=期望-现实，一旦现实与自己的期望相悖越大，失望的情绪值就会越大，所以不管在什么情况之下，要经常激励自己，整理好不良情绪，确定自己的目标，充分发挥自己的创造力，不要退缩，激发自己的激情，为达到自己的目标而努力。

如果，情绪指数=实现值/期望值。那么根据这个公式，有效控制情绪的方法，一是尽量提高实现值，二是努力降低期望值。这就要求自己在面对一件事情时，一方面要保持较低的期望值，期望越大，失望就有可能越大；另一方面要努力去做，让事情的实现值提高，当实现值与期望值差距很小时，才能保持住良好的心态。

现代生活中，情绪就像影子一样，每天与自身形影不离。情绪是流动的、易变的心理历程，随时随地都会发生喜怒哀乐等情绪的变化起伏，左右人的精神状态，驱使人们去行动。正如亚里士多德所言："任何人都会生气，这没什么难的。但要以适当方式对适当的对象恰如其分地生气，可就难上加难。"

总之，一个心理健康的人不会否定自己的情绪存在，会给情绪一个适当的空间并允许自己有负面的情绪，只有成为情绪的主人，不被情绪所左右，才能够有效的管理好自己的情绪。

每一个人都应该学会控制自己的情绪，作为当代大学生，更应该学会调节自己的情绪，善于掌握自我，善于调制合体调节情绪，对生活中矛盾和事件引起的反应能适可而止的排解，能以乐观的态度、幽默的情趣及时地缓解紧张的心理状态，不断地完美自己，使得自己有一个更好的环境去提升。要做情绪的主人，而不是让情绪主宰自己的生活。

参考文献

安德烈·焦尔当，2015. 学习的本质［M］. 杭零，译. 上海：华东师范大学出版社.
陈建丽，2020. 与时俱进，做好高校大学生军训宣传思想工作［J］. 科教文汇（7）：54-55.
陈锡熹，2006.“三观”教育与大学生思想政治素质的提高［J］. 思想理论教育（9）：8-12.
崔邦军，薛运强，2016. 大学生入学教育读本［M］. 北京：北京理工大学出版社.
付琳，2020. 大学第一课对学生行为养成的影响：军训辅导员致大学生的第一封信［J］. 河北农机（6）：75.
海曼，秦屹，熊俊梅，等，2019. 情绪调节自我效能感与心理健康的交叉滞后研究［J］. 心理科学，42（1）：82-87.
何俊彦，姚子青，蔡飞，等，2014. 国内大学生金钱观研究综述［J］. 科教文汇（2）：196-198.
贺仲华，2014. 大学生入学教育［M］. 长沙：湖南师范大学出版社.
荆增强，2011. 大学新生军训的教育价值［J］. 科技资讯，8（9）：193.
郎全发，2005. 和谐的人际交往对大学生成才的意义［J］. 中国科技信息（24B）：463.
李强，邓为难，2011. 社会交换论视角下高校辅导员对大学生人际交往的引导［J］. 教育教学论坛（21）：85-86.
李天贺，吴峰，2010. 思想政治素质：大学生成才的重要基石［J］. 出国与就业（就业版）（4）：51-53.
李岩，2006. 当代大学生人际交往的特点及心理障碍分析［J］. 理论导刊（11）：94-96.
李峥嵘，2020. 大学生安全教育［M］. 2版. 西安：西安交通大学出版社.

刘红健，2020. 军训：一次历练的良机［J］. 农村青少年科学探究（9）：3-4.
刘亚敏，2000. 大学精神探论［J］. 未来与发展（6）：61-64.
罗建华，梁斌，2003. 试析大学生人际交往与心理健康［J］. 云南警官学院学报（3）：91-94.
蒲果全，王伯庆，2006. 大学生存手册［M］. 北京：当代中国出版社.
阮征，2020. 新时代大学生寝室人际关系提升对策研究［J］. 林区教学（11）：93-96.
谭小燕，2016. 浅析大学生军训中的思想政治教育［J］. 轻工科技，32（3）：166-167.
田媛媛，2020. 浅议高校自主军训实践育人的价值和路径［J］. 西部学刊（17）：78-81.
王斌，2010. 大学新生入学教育［M］. 北京：北京工业大学出版社.
王晋，2012. 大学生心理健康教育实用教程［M］. 3 版. 北京：北京大学出版社.
王俊佳，刘续梅，高生才，2020. 让青春在党旗下闪光：大学生入党教育教程［M］. 北京：中共中央党校出版社.
吴婧，2009. 对培养大学生人际交往能力的几点思考［J］. 江汉石油职工大学学报，22（1）：21-23，37.
吴潜涛，杨俊岭，2011. 全面理解爱国主义的科学内涵［J］. 高校理论战线（10）：9-14.
徐先彩，龚少英，2009. 学业情绪及其影响因素［J］. 心理科学进展，17（1）：92-97.
杨玉洁，2010. 人的气质与性格：学会与不同性格的人友好相处［J］. 教育教学论坛（18）：171-173.
俞国良，董妍，2007. 情绪对学习不良青少年选择性注意和持续性注意的影响［J］. 心理学报（4）：679-687.
周瑜弘，2008. 浅淡提高大学生的人际交往能力［J］. 科教文汇（26）：30-31.
祝阳，2019. 微信社群中的大学生孤独感研究［J］. 大连理工大学学报（社会科学版），40（3）：110-116.
朱应开，2020. 浅谈对“00 后”大学生入学适应教育的几点建议［J］. 农家参谋（11）：209，233.